AF357064

REMONSTRANCE ET CONCLVSIONS DES GENTS DV ROY ET ARREST DE LA COVR DE Parlement du 26. Nouembre M. D C X.

Sur le libure intitulé *Tractatus de Potestate Summi Pontificis in rebus Temporalibus aduersus Guilielmum Barclaium Auctore S. R. E. Cardinali Bellarmino*, Imprimé a Rome en l'an 1610.

Ex verbis Domini IESV CHRISTI in Euangelio secundum Marcum c. x.

Scitis (inquit IESVS ad Discipulos) *quia hi qui videntur principari Gentibus, dominantur eis: & Principes eorum potestatem habent ipsorum.* Non ita est autem in vobis.

Ex Euangelio secundum Lucam c. xxij.

Reges Gentium (ait IESVS Discipulis suis) *dominantur eorum: & qui potestatem habent super eos* BENEFICI *vocantur.* Vos autem non sic.

L'An de Nostre Seigneur M. D C X.

EXTRAICT DES REgistres de Parlement.

Du Vendredy vingt & sixiesme Nouembre mil six cens & dix.

CE iour les gents du Roy ont dict à la Cour parlant Mre Louis Seruin Aduocat dudict Seigneur Roy, assisté de Me Louis Duret premier Substitut du Procureur General auoir eu certain aduis que depuis quelques iours on auroit faict courir en ceste ville de Paris vn nouueau liure intitulé * *Tractatus de Potestate summi* P*ontificis in rebus Temporalibus aduersus Guilielmum Barclaium Auctore Roberto S. R. E. Cardinali Bellarmino* imprimé à Rome par Barthelemy Zannety en la presente année mil six cens & dix, dont plusieurs extraicts ont esté faicts par diuerses persones qui les ont publié, les vns à bonne intention, les autres à fin contraire. Et dautant que ce liure contient des propositions prejudiciables à la puissance & authorité du Roy, & à l'Estat de la France, duquel l'autheur parle comme des autres Roys, Princes, & Estats temporels, ils ont fait leurs diligences pour en recouurer vn exem-

* Traicté de la puissance du Souuerain Pontife és choses temporeles contre Guillaume Barclay, faict par Robert Bellarmin Cardinal de la saincte Eglise Romaine.

plaire, & l'ayant leu & releu, estiment qu'il est de leur debuoir de representer à la Cour ce qui se trouue en iceluy contraire aus Puissances qui sont en Estat, ordonnees & establies de Dieu, mesmement à ce Royaume. Pour quoy faire ils ont obserué que le Cardinal Bellarmin enseigne non seulement en ce nouueau traicté les propositions par luy tenues en ses escripts precedents, mesmes en celuy inscript* *de Romani Pontificis Hierarchia*, faict au temps du Pape Sixte cinquieme, & à luy dedié, lequel il auroit diuisé en cinq liures, au dernier desquels il auroit soustenu* *Papam habere potestatem temporalem indirectè*. Mais outre ceste maxime qui estoit erronee, il en adiouste plusieurs autres aussi plenes d'erreur, & qui passent plus auant és endroicts marqués, & lesquels la Cour verra s'il luy plaist en ce nouueau liure. *Et premierement le tiltre est à noter, par lequel il attribuë au souuerain Pontife la puissance aus choses Temporeles. Apres il rapporte quelques authoritez de diuers escripts d'Italiens, François, Hespaignols, Allemans*, Anglois, *& Escossois, commençant par Gregoire VII. Pape, qui estoit en l'an de nostre Seigneur mil septante & trois; & quel-*

Bellarmin.
* De la Hierarchie du Pontife Romain.

Bellarmin.
* Que le Pape auoit puissance temporele indirectement.

ques exemples d'excommunications d'aultres Papes contre aulcuns Empereurs, mesme la sentence dudict Gregoire VII. de l'an 1080. *contre l'Empereur Henry IV. Item les Conciles soubz quelques successeurs d'iceluy Gregoire VII. à sçauoir de Beneuent soubz Victor III. de Plaisance soubz Vrbain II. de Rome soubz Paschal II. de Cologne soubz Gelase II. de Rheims soubz Calixte II. Item le Concile de Latran soubz Innocent troisiesme Pape en l'an* 1215. d'où il faict l'induction qui s'ensuit en la page xxv.* *Quid hîc Barclaius diceret? si hæc non est Ecclesiæ Catholicæ vox, vbi obsecro eam inueniemus? & si est (vt verissimè est) qui eam audire contemnit, (vt Barclaius fecit,) an non vt Ethnicus, & Publicanus, & nullomodo Christianus, & pius habendus erit? si non habet summus Pontifex potestatem in terris disponendi de temporalibus vsque ad depositionem* Principum *eorum, qui vel ipsi hæretici sunt, vel hæreticis quoquo modo fauent, cur in editione huius canonis nullus ex tanto numero reclamauit, cur ne vnus quidem ex tot Imperatorum ac Regum oratoribus mutire ausus est?* *Nondum videlicet Parasiti Principum temporalium exorti fuerant, qui vt regna temporalia stabilire viderentur, Regnum æternum ijs qui-*

Bellarmin.
* Qu'est-ce que Barclay diroit icy? si ceste n'est pas la voix de l'Eglise Catholique, où (ie vous prie) la trouuerons nous? & si elle est telle (cõme tres-veritablement elle l'est) celuy qui mesprise de l'ouyr (comme a faict Barclay) ne le fauldra-il pas tenir comme Payen & Publicain, & en nulle sorte Chrestien, & pieus? Si le Souuerain Pontife n'a pas la puissance en terre de disposer des choses temporeles iusques à deposer les Princes, ou qui sont heretiques eux mesmes, *ou qui par quelque moyen que ce soit fauorisent les heretiques?* Pourquoy, lors de l'edition de ce Canon, nul de si grand nombre n'a reclamé? Pourquoy vn seul de tant d'Ambassadeurs d'Empereurs & Rois n'a ausé ouurir la bouche?
* Les parasites des princes temporels n'estoient point encores au munde, qui pour sembler establir les Roiaumes temporels ostent le Roiaume

æternel à ceux qu'ils flattent.

bus adulantur eripiunt. Et apres il adjouste le Concile de Lyon tenu soubz le Pape Innocent IIII. l'an 1245. & la Sentence donnee en iceluy contre l'Empereur Fœderic II. Par ces termes la Cour iugera qu'elle a esté l'intention de l'Autheur, sçauoir est d'attribuer au Pape la souueraineté sur les Roys, & Princes temporels, mesmement és pays où la necessité a imprimé son style tel que nous le voions és Edicts de Pacification faictz par le Roy Treschrestien Henry III. & suiuiz par Henry IV. son successeur, Edicts verifiez aux Cours de Parlement qui tolerent ceus de la Religion pretenduë reformee, parce qu'aultrement on ne pourroit viure sans troubles. Ce qui debuoit estre consideré par vn grand Cardinal, lequel estant à Rome, où l'Eglise est *comme triumphante*, ne peut ignorer que si en autres lieus du munde certainement en ce Royaume de France nous sommes en *l'Eglise militante.* En suite de ce est à noter au chapitre 3 page 37. ce que l'autheur de ce libure dict auec resolution * *esse rem certam & exploratam posse Pontificem Maximum iustis de causis de temporalibus iudicare, atque ipsos temporales Principes aliquando deponere.* Et le mesme en la page

Bellarmin.

* Que c'est vne chose certaine & recognue que le Pontife Tresgrand peut pour iustes causes iuger du temporel, & mesme quelquesfois deposer les Princes temporels.

xxxviij. il dict* *posse per Summum Pontificem deponi Principes temporales, quando Ecclesiæ necessitas id postulat, ac per hoc temporalem Principum potestatem spirituali potestati subiectam, & subordinatam esse.* Et apres il adjouste* *Ex hoc principio satis apertè colligitur esse in Romano Pontifice potestatem temporalia disponendi vsque ad ipsorum Regum ac Imperatorum depositionem. Nam per ipsam spiritualem potest summus Pontifex ligare Principes vinculo excommunicationis, potest per eandem soluere populos iuramento fidelitatis, ac obedientiæ: eosdem populos sub excommunicationis pœna, vt Regi excommunicato non pareant, atque vt alium sibi eligant Regem.* Et en la page 40. au mesme chapitre 3.* *Ecclesiastica potestas* (inquit idem Bellarminus) *nunc etiam separata est à Politica: non enim eadem, sed diuersa est potestas Pontificum, & Regum: sed quoniam, vt suprà diximus, potestas Ecclesiastica quæ spiritualis est præest potestati Politicæ temporali, & eam dirigere debet ad finem supremum vitæ æternæ, ideò potest in ordine ad spiritualia disponere de bonis temporalibus. Verum autem est Apostolorum tempore politicam potestatem non quamcumque, sed Regiam siue Imperatoriam fuisse apud Ethni-*

Bellarmin.

* Que les Princes temporels peuuent estre deposez par le souuerain Pontife quand la necessité de l'Eglise le requiert: & ainsi la puissance temporele des Princes est subiecte & subordinee à la spirituele. *Bellarmin.*

* De ce principe on receuille ouuertement que le Pontife Romain ha la puissance de disposer des choses temporeles iusques à deposer les Roys, & Empereurs. Car par ceste puissance spirituele le Souuerain Pontife peut lier les Princes seculiers du lien d'excommunication, & par icelle mesme deslier & absouldre les peuples du serment de fidelité, & obeissance, à fin que soubz pene d'excommunication ils n'obeissent plus à vn Roy excommunié, & qu'ils s'eslisent vn autre Roy.

Bellarmin.

* La puissance Ecclesiastique (dict Bellarmin) est aussi maintenant separée de la Politique. Car la puissance des Pontifes & des Rois n'est pas mesme, ains est diuerse: Mais dautant

cos totam, quia nulli tunc erant Reges, aut Imperatores Christiani: sed ex hoc nihil aliud sequitur nisi potestatem Ecclesiasticam eo tempore non habuisse paratam executionem, præsertim in temporalibus, vt hoc tempore habet. Ipsos verò Apostolos fuisse in potestate temporali Principum Ethnicorum, scripsi olim cum Alberto Pighio, & alijs nonnullis: sed postea recognoscens, & expendens diligentius libros meos censui Apostolos de facto *subiectos fuisse Principibus illis, non* de iure *vt in recognitione mea posui.*

ue comme nous auons dict cy dessus la puissance Ecclesiastique qui est spirituele, est pardessus la puissance Politique temporele, & la doibt diriger à la supreme fin de la vie æternele: A ceste raison elle peut en l'ordre aus choses spiritueles disposer des biens temporels. Or il est vray que du temps des Apostres la puissance Politique non toute, ains la Royale estoit toute entre les mains des Payens, parce que lors il n'y auoit aucuns Rois ou Empereurs Chrestiens: Mais de là il ne s'ensuit aultre chose sinon que la puissance Ecclesiastique en ce temps-là n'auoit pas son execution parée principalement és choses temporeles, comme elle ha en ce temps: * & quant aus Apostres, i'ay escript aultresfois auec Albert Pighius, & quelques aultres qu'iceuls Apostres estoient soubs la puissance temporele des Princes Payens. Mais apres reuoiant & examinant plus diligemment mes liures, i'ay estimé que les Apostres auoient esté subiects d'iceuls Princes *de faict* & non *de droict* comme i'ay mis en ma reuision.

Ce qu'il confirme en la page 149 où il dict, * *Ecclesia illa prima instructa fuit omni potestate atque omnibus præsidijs quæ ad perfectam Rempublicam constituendam necessaria erant. Primis autem trecentis annis non fuerunt in Ecclesia multi Principes Politici: fuerunt tamen aliqui, vt* Philippus *Imperator, & Rex Lucius, ac Rex Donaldus. Sed fingamus nullos fuisse: non ideo defuit Ecclesiæ*

Bellarmin. * Ceste premiere Eglise a esté munie de toute puissance & de toutes aides qui estoient necessaires pour l'establissement d'vn Estat parfaict. Or és premiers trois cents ans il n'y a pas beaucoup eu de Princes Politiques en l'Eglise: Toutesuoies il y en a eu quelques-vns comme l'Empereur Philippe, le Roy Lucius, & le Roy Donaldus. Mais feignons qu'il n'y en ayt point eu, pourtant la puissance n'auroit pas manqué à l'Eglise de disposer des biens temporels des Princes, & de diriger leur puissance Politique quand ils voudroient estre faicts membres ou fils de l'Eglise. Dauantage comme i'ay dict

potestas disponendi de bonis temporalibus Principum, *& dirigendi eorum potestatem politicam. Quando illi Ecclesiæ membra vel filij effici vellent.* Præterea *vt paulo antè dixi in ipso principio Ecclesiæ quanquam nulli fuerint* Principes *Christiani Apostolis ipsis Ecclesiam* Regentibus *: fuerunt tamen multi homines diuites, de quorum diuitijs Apostoli ipsi disposuerunt, statuentes vt ex ijs ministros Euangelij sustentarent.* Ce qu'il confirme encor au chapitre XXI. page 177. * (*Iam inquit*) *in recognitione scriptorum meorum admonui improbabilem esse sententiam* Pighij, *quam ego quoque olim secutus fueram, & cum melioribus Doctoribus sentiendum esse Apostolos de iure exemptos fuisse ab omni subiectione* Principum *terrenorum : sed quamuis etiam vera esset sententia* Pighij, *non tamen sequeretur non habuisse tunc Ecclesiam ius priuandi* Principes *infideles dominio quod habebant super fideles. Diceret enim* Pighius *Ecclesiam & ipsos Apostolos subiectos fuisse* Principibus *infidelibus quamdiu infideles erant. Sed si ab Ecclesia auctoritatem Dei habente priuati fuissent, tunc demum non fuisse amplius de iure subiectos. Nam & populus subiectus est* Regi *quamdiu regnat : Sed si ab alio* Rege *victus in prælio*

peu auparauant au commencement de l'Eglise encores qu'il n'y eust aulcuns Princes Chrestiens, les Apostres gouuernants alors l'Eglise: il y a neantmoins eu beaucoup d'hommes riches, des moyens desquels les Apostres ont disposé, leur ordonnant d'en sustenter les Ministres de l'Euangile.

Bellarmin.

* Car (dict-il) en la reuision de mes escripts i'ay aduerty que l'aduis de Pighius estoit improbable, lequel i'auois moy-mesmes aultresfois suiuy, & qu'il faloit tenir auec les meilleurs Docteurs que les Apostres auoient esté exempts de droict de toute subiection des princes terriens. Mais encores que l'aduis de Pighius fust veritable, il ne s'en ensuiuroit pas que l'Eglise n'eust pas alors le droict de priuer les Princes infideles de la Seigneurie & Domination qu'ils auoient sur les fideles. Car Pighius diroit que l'Eglise & les Apostres mesmes auroient esté subiects aus Princes infi-

regnare desierit non amplius illi subiectus erit. Item en la page 48. recitant ce qu'auoit dict Barclay. * *Huc accedit (inquit Barclaius) quod florente plurimùm Republica Christiana tum multitudine credentium, tum sanctimonia Pontificum, tum eruditione & exemplis Doctorum, atque à malis interim Principibus vexata atque iactata, nulla de hoc principatu & iurisdictione temporali in Principes sæculares non dicam expressa & manifesta declaratio, sed ne leuissima quidem mentio facta sit. Respondeo* (inquit Bellarminus)* *Quærere possem à Barclaio vnde factum sit quod in Testamento veteri tot sæcula transierint antequàm Pontifex Regem deponi & alium substitui iusserit. Quod factum fuit cùm Ioïada Pontifex Athaliam Reginam non solùm deponi sed & interfici mandauit, & Ioas Regem substituit* 4. Reg. c. 11. Mais ceuls qui ont bien leu cest exemple iugeront qu'il ne s'en peut tirer vn argument pour dire que l'on peut faire auiourdhuy le semblable. Car premierement c'est vne histoire du vieil Testament dont plusieurs exemples des choses aduenuës ont leur raison

deles, tant & si longuement qu'ils auroient esté infideles. Mais s'ils eussent esté priuez par l'Eglise ayant l'authorité de Dieu, que deslors ils n'auroient plus esté subiects de Dieu. Car le peuple mesme est subiect au Roy tandis qu'il regne. Mais si estant vaincu en guerre par vn autre Roy il cesse de regner, le peuple ne luy sera plus subiect.

Dire de Berclay recité par Bellarmin.

* Adioustez (dict Barclay) que durant que l'estat Chrestien estoit grandement florissant, & ce tant en multitude de croiants, que saincteté de Pontifes & en erudition & exemples de Docteurs. & cependant estoit tourmentée par mauuais Princes, & fort agitée, nulle declaration ie ne diray pas expresse & manifeste n'a esté faicte, mais non pas la moindre & plus legere mention de ceste Principauté & iurisdiction temporele sur les Princes seculiers.

*Response de Bellarmin.** Ie responds (dict Bellarmin) Ie pourrois demander à Barclay d'où il est aduenu qu'au vieil Testament tant de siecles auroient passé deuant que le Pontife eust commandé qu'vn Roy fust deposé, & vn aultre substitué. Ce qui fut faict lors que le Pontife Ioïada ordonna que la Royne Athalie seroit non seulement deposée, mais mise à mort, & substitué Ioas Roy. 4. des Rois c. 11.

pour

pour le temps, laquelle ne peut faire consequence à nostre siecle. Estant vray de dire qu'il y a grande difference entre ce qui s'est passé soubz la vieille loy, & ce qu'il fault faire au Christianisme. Item ceste pretenduë Reine Athalia n'estoit pas vne Princesse legitime, ains vsurpatrice non establie, laquelle (comme il est escript au commencement du chapitre allegué par Bellarmin) auoit destruict toute la semence Roiale, fors Ioas l'vn des enfants du Roy Achazia qui fut sauué lors qu'on tuoit les aultres. Ainsi il est aisé de iuger comme ce que l'on rapporte de ceste histoire ne peut affermir la pretenduë puissance du Pape és choses temporeles. Item au chapitre quatrieme pages 57. & 58 Bellarmin dict ainsi, * *Excommunicatio est quidem instrumentum, quo Pontifices plerumque vti solent ad coërcendas huius sæculi potestates: sed etiam sine isto instrumento non semel Pontifices Maximi de temporalibus dignitatibus pro Ecclesiæ vtilitate, & animarum salute disposuerunt, vt quum Zacharias Childericum Regem Francorum deponi mandauit, & Pipinum inungi.* Qui est vn exemple de rebellion des mauuais François qui n'a deub, & ne doibt estre tiré en consequence. Au chapitre septieme sur la question de Barclay

Bellarmin.

* L'excommunication est bien vn instrument, duquel le Pape a accoustumé d'vser le plus souuent pour reprimer les Puissances de ce siecle: Mais aussi sans cest instrument les Tres-grands Pontifes n'ont pas disposé vne fois tant seulement des dignitez temporeles pour l'vtilité de l'Eglise, & salut des ames, comme quand Zacharie decerna son mandement pour deposer Childeric Roy de France, & faire oindre & sacrer Pepin.

Question de Barclay.
* Pourquoy l'Eglise n'a pas deposé les Empereurs Constantius Hæretique, & Iulien l'Apostat.

* *Cur Ecclesia Constantium Hæreticum, & Iulianum Apostatam Imperatores non deposuit*, es pages 75 & 76. * *Imperatores illi* (inquit Bellarminus) *potentißimi erant, & multas legiones armatas ducebant, aduersus quas nihil poterat inermis multitudo fidelium, præsertim cùm Principem aliquem Christianum non haberet qui vellet, aut posset eam armare, & armatam ducere aduersus Imperatores.* En la mesme page 76 & en la 77 apres auoir cité l'escript de Barclay en ces mots* *Addit Barclaius temporibus* Constantij *non defuisse in Ægypto, & Lybia, aliisque locis per Asiam & Europam Monachos permultos, in quibus non minor zelus erat, quàm in illo qui Henricum Tertium Francorum Regem confodit, qui si licuisset facilè Constantium de medio tollere potuissent.** *Sic respondeo* (inquit Bellarminus) *Non pertinet ad Monachos, aut alios Ecclesiasticos viros cædes facere, vt habetur* 23. q. 8. Can. & seqq. *multò autem minùs per insidias Reges occidere: neque Summi Pontifices consueuerunt ista ratione Reges coërcere: Ipsorum mos est primum paternè corripere, deinde per Censuram Ecclesiasticam Sacramentorum communione priuare: deinde subditos eorum à iuramento fidelitatis absoluere, eosque dignitate, atque auctoritate Regia, si*

Response de Bellarmin.
*Ces Empereurs (dict Bellarmin) estoient tres-puissants, & menoient beaucoup de legions armees, contre lesquelles vne multitude des-armee de fideles ne pouuoit rien: Principalement par ce qu'elle n'auoit poinct de Prince Chrestien, qui voulust, ou peust l'armer, ou mener armee contre les Empereurs.

Recit des paroles de Barclay faict par Bellarmin.
* Barclay adiouste qu'és temps de Constantius il n'y auoit point de faulte en Ægypte, en Libye, & autres lieus par l'Asie, & par l'Europe de grand nombre de Moines, ausquels il n'y auoit pas moins de zele, qu'en celuy qui tua le Roy de France Henry III lesquels (s'il eust esté loisible) eussent facilement peu oster Constantius du milieu des hommes.

Response de Bellarmin.
* Ie responds ainsi (dict Bellarmin) Il n'appartient aus Moines, ou autres personnes Ecclesiastiques de faire des meurtres, & beaucoup moins de tuer les Roys par em-

res ita postulat, priuare. EXEQVVTIO AD ALIOS PERTINET. *Quare Innocentius Pontifex cùm in Concilio Lugdunensi Friderico II. Imperium abrogasset, dixisse fertur.* EGO QVOD MEVM EST FECI, FACIAT ET PROSEQVATVR SVPER HIS DEVS QVOD VOLVERIT. A quoi ioignant ce qui est en la page 160. la Cour iugera quel a esté le sens de l'Autheur. Car là il dict * *Non negamus (vt paulò antè diximus) Sacerdotibus post Euangelium non licere propria manu gladium materialem stringere, nisi fortè in defensionem propriam, aut ob aliam causam dispensante Pontifice.* Qui sont termes si clairs qu'il n'y fault poinct de Commentaire.

Au chap. xj. où il faict comparaison entre les Papes Iules II. & Clement VIII. Les pages 112. 113. 114. sont employees en louanges d'vn Pape Guerrier, qui estoit ce Iules ennemy iuré, & declaré de la France, partial amy des Hespagnols, qui estoient lors nos aduersaires. Et en ce chapitre la confœderation de ce Iules auec l'Hespagnol est louëe fort haultement, qui est la confœderation, par le moien de laquele la persone du Roy Louis XII quoi qu'il fust nommé, comme il estoit par effect LE PERE DV PEVPLE,

busches : *& les Souuerains Pontifes n'ont pas accoustumé de reprimer les Princes par ceste maniere.* Leur coustume est premierement de reprendre par correption ou correction paternele : Et apres par censure Ecclesiastique les priuer de la communion des Sacrements. Bref absouldre leurs subiects du serment de fidelité, &, si les choses le requierent ainsi, les priuer de la dignité Royale. L'EXECVTION APPARTIENT AVS AVLTRES. C'est pourquoy (dict il) quand au Concile de Lion le Pape Innocent priua Frideric II. de l'Empire, on rapporte qu'il auroit dict, I'AY FAICT CE QVI EST DE MOY, DIEV FAÇE ET POVRSVIVE DESSVS CES CHOSES CE QV'IL VOVLDRA.

Bellarmin. page 160.

* Nous ne nions pas (comme nous auons dict vn peu deuant) qu'il n'est pas loisible aus Presbtres apres l'Euangile, de desgainer le glaiue materiel de leur propre main, si ce n'est daduenture pour leur propre deffense, ou pour aultre cause le Pontife les en dispensant.

& la Corone de France auoient esté exposees en proïe. Et il est notoire que par ceste mesme confœderation les Hespagnols ont vsurpé & detienent au iourdhuy iniustement le Royaume de Nauarre, sans aultre tiltre, ou couleur que de la Bulle d'excommunicaion de ce Papes Iules nullement egal & comparable à Clement VIII qui s'est monstré bon Pape, ne s'estant point declaré partial: mais aiant procuré la paix entre nostre defunct Roy Tres-chrestien, & le Roy d'Hespagne, qui estoit vn acte de Pere commun, & Pasteur de la Chrestienté. Au chapitre 12. pages 115. & 116. Bellarmin dict ainsi * *Cùm dixit Innocentius Papa in cap.* per venerabilem, *nonnullos Principes nullum inter homines* (id dixit excepto Romano Pontifice) *superiorem agnoscere. Addidit enim illam exceptionem, vt cùm postea dixit Regem Francorum nullum in temporalibus superiorem agnoscere, intelligamus sermonem fuisse de superioribus temporalibus: Non enim Rex agnoscit vllum supra se* P*rincipem temporalem, sed agnoscit* R*omanum* P*ontificem* P*rincipem spiritualem, qui de temporalibus quoque in ordine ad spiritualia iudicare potest.* En quoi y a plusieurs remarques à faire: *La premiere* que l'interpretation

Bellarmin.
* Quand le Pape Innocent a dict au chapitre *per venerabilem* que quelques Princes ne recognoissent aulcun superieur entre les hommes (*il l'a dict excepté le Pontife Romain*) Car (dict Bellarmin) c'est à dire le Pape) a adiousté ceste exception, comme apres quand il dict que le Roy de France ne recognoist aulcun superieur és choses temporeles, *il fault* [dict Bellarmin] *que nous entendions que le propos a esté des superieurs temporels.* Car le Roy [dict Bellarmin] ne recognoist aulcun Prince temporel superieur pardessus soy: Mais il recognoist le Pontife Romain Prince spirituel, lequel peut aussi iuger des choses temporeles en l'ordre aus spiritueles.

tation

tion du chapitre *per venerabilem* est faicte par Bellarmin auec addition de ces mots *excepto Romano Pontifice* : addition qui est faicte par icelui Bellarmin, *mesmement au regard du Roy de France* contre les termes exprez du Pape Innocent III autheur de ce chapitre *La seconde* qu'icelle interpretation est contraire au sens de la Decretale : & cela se peut iuger par ceuls qui sçauent, & ont memoire du passé, & l'ont veu ainsi qu'il est rapporté és anciennes collections des Decretales qu'*Antonius Augustinus* Euesque d'Ilerde en Hespagne ha faict imprimer en l'an 1576. Car en ces recueils qui sont fideles, & où les Decretales sont entieres, ce chapitre *per venerabilem* est escript auec adresse à W. de Montpeslier, auquel ce grand Pape Innocent III. parle auec distinction & difference d'entre le Roy de France, & iceluy de Montpeslier, disant ainsi. * *Cùm Rex ipse* (Francorum videlicet, de quo suprà mentionem fecerat) *in spiritualibus nobis subiaceat, tu* (nempe W.) *nobis in spiritualibus es subiectus, cum partem terræ tuæ ab Ecclesia Magalonensi possideas quam* (inquit Pontifex) *ipsa per sedem Apostolicam temporaliter recognoscit, quia Magalonensi Ecclesia mediante nobis idem*

Paroles du Pape Innocent III.

* Comme ainsi soit que le Roy mesme (c'est à dire le Roy de France, duquel le Pape Innocent auoit auparauant faict mention) nous soit subiect és choses spirituelles: Mais toy (W. nous sois subiect & aus spiritueles, & aus temporeles : d'autant que tu tiens & possedes vne partie de ta terre de l'Eglise de Magalone, laquelle terre (dict-il) ceste Eglise recognoist temporelement du S. Siege Apostolique, parce que l'Archeuesque nous asseuroit que par le moien d'icelle Eglise tu nous estois subiect.

Archiepiſcopus aſſerebat temporaliter ſubiacere. Et apres en la meſme Decretale eſt eſcript.* *Inſuper cùm Rex ipſe ſuperiorem in temporalibus minimè recognoſcat, ſine iuris alterius læſione in eo ſe iuriſdictioni noſtræ ſubijcere potuit & ſubiecit: in quo forſitan videretur aliquibus quod per ſe ipſum non tanquam pater cum filijs, ſed tanquam Princeps cum ſubiectis potuit diſpenſare. Tu autem alijs noſceris ſubiacere, vnde ſine ipſorum forſan iniuria niſi præſtarent aſſenſum nobis in hoc ſubdere te non poſſes.* Ce qui eſt icy recité, d'autant qu'il ſert pour argument de la recognoiſſance faicte par ce grand Pape Innocent III. que noſtre Roy, *qui eſt Roy des François*, ne recognoiſt aulcun ſuperieur és choſes temporeles, non pas le Pape meſmes: Qui eſt toute aultre choſe que ce qu'a dict Bellarmin voulant faire croire qu'iceluy Innocent P. l'auoit eſcript, ou penſé.

INNOCENT. P.
* En oultre comme il ſoit ainſi *que le Roy meſme ne recognoiſſe poinct de ſuperieur és choſes temporeles*, en cela ſans bleſſer le droict d'aultruy il s'eſt peu ſoubzmettre, & s'eſt ſoubzmis à noſtre iuriſdiction: En quoy parauenture il ſembleroit à aulcuns que par ſoy meſmes, non comme pere auec ſes enfants, mais comme Prince auec ſes ſubiects il auroit peu diſpenſer. Mais toy (w. es recognu ſubiect à aultres: Tellement que peut-eſtre ſans leur faire tort, ſi ils ne preſtoient leur conſentement, tu ne pourrois pas en cela te ſoubzmettre à nous.

Au meſme chapitre xij. page 118. Bellarmin faict vne nouuelle reſolution.* *Poteſt* (inquit) *Pontifex, ſi neceſſarium ad ſalutem animarum ſit, alicui Regnum auferre: Sed ſi anteà admonuerit, ſi ſpatium reſipiſcendi dederit, ſi pernicioſum, & incorrigibilem eſſe perſpexerit. Poteſt quoque alteri Regnum conferre, non pro arbitrio tamen cui libuerit,* (Sic

Bellarmin.
* Le Pontife [dict-il] peut, s'il eſt neceſſaire pour le ſalut des ames, oſter le Royaume à quelcun. Mais c'eſt ſi auparauant il l'auoit admoneſté, s'il luy auoit donné l'eſpace de reſipiſcence, s'il le recognoiſſoit pernicieus, & incorrigible. Il peut auſſi conferer le Royaume à vn aultre, non toutesfois à

enim verè precario regnarent,) *sed cui iure debetur, siue successio siue electio locum habeat. Et si forte nemini debeatur, cui ratio dictauerit esse tribuendum.* La Cour s'il luy plaist pesera ces paroles, & la consequence d'icelles, eu esgard mesmement à la face presente de l'Estat, & remarquer à ce qui touche principalement ce Royaume qui est hæreditaire, & de long temps establi, & maintenu par la grace de Dieu. Au chap. 17. és pages 149. & 150. Bellarmin dict ainsi * *Adducit Barclaius verba S. Bernardi ex lib. IV.* de Consideratione, *capite III. Petrus hic est qui nescitur processisse aliquando gemmis ornatus, vel sericis, non tectus auro, non vectus equo albo, nec stipatus milite, nec circumstrepentibus septus ministris: Absque his tamen credidit satis posse impleri salutare mandatum*, Si amas me, pasce oues meas: *In his successisti non Petro, sed Constantino.* Hæc Bernardus. Quibus subiungit Barclaius * *Quamuis itaque potestas temporalis, de qua nobis sermo, hominibus videri potuerit Ecclesiæ necessaria, Deo tamen neque necessaria, neque vtilis visa est. Respondeo* (inquit Bellarminus). *Posset hoc loco Barclaio dici quod in libro Iob.* c. 38. *Deus ipse dicit*, Quis est iste inuoluens sententias sermonibus imperitis? *S. Bernar-*

sa volunté à qui il luy plairoit (Car ainsi les Rois ne regneroient que par precaire:) Ains à qui de droict il est deub, soit que la succession ou election ayt lieu: Et si d'aduenture il n'est deub à persone, à celui à qui la raison dictera qu'il doibt estre donné.

Bellarmin.

* Barclay rapporte les paroles de Sainct Bernard, du 4. liure *de Consideratione*, chapitre 3. Ce Pierre est celuy que l'on ne sçait point auoir iamais marché, ny paré de pierreries, oud habits de soïe, non entouré de gendarmes, non enuironné de ministres bruyants autour de luy: Et toutesuoies il a creu sans ces choses que le salutaire mandement se pouuoit accomplir, *Si tu m'aimes, pay mes ouailles.* En cela tu as succedé non à Pierre, mais à Constantin. Ce sont les termes de S. Bernard. *Ausquels Barclay a adiousté.* * Donc encores que la puissance temporele, dont nous parlons ait peu sembler aux hommes necessaire à l'Eglise: tou-

dus ſcribit Apoſtolum Petrum pauperem fuiſſe diuitiarum huius mundi , & potuiſſe ſine auro & argento proprio , ſine equo albo, & ſine ſatellitibus implere ſalutare mandatum paſcendi oues : Non tamen Sanctus Bernardus dicit non fuiſſe in Apoſtolo Petro poteſtatem diſponendi de temporalibus bonis Chriſtianorum, & de ipſis regnis, & imperijs, ſi neceſſitas ſpiritualis id requirat: Imò contrarium dicit *cùm Pontifici qua Pontifex eſt & Chriſti* Vicarius ac Petri Succeſſor applicat illa verba Hieremiæ* 1. Ecce conſtitui,, te ſuper gentes, & ſuper Regna, vt euellas, ,, & diſperdas, & diſſipes, & ædifices, & plan-,, tes. *Non enim pugnat paupertas propria cum poteſtate diſponendi de diuitijs, & iudicandi Reges & Principes terræ.* En quoy ceuls qui ont leu Sainct Bernard ont veu au ſecond libure *de Conſideratione ad Eugenium Papam , c. 6.* qu'il a eu opinion contraire à celle que tient Bellarmin. Car ce bon Sainct Bernard a expliqué le paſſage de Hieremie de la puiſſance ſpirituele & non de la temporele. C'eſt pourquoy apres le recit des paroles qui ſont dans le Prophete, Il dict ainſi , * *Quid horum faſtum ſonat*

teſvoies elle n'a ſemblé à Dieu ny neceſſaire, ny vtile. *Ie reſponds* [*dict Bellarmin*] On pourroit dire en ce lieu à Barclay, ce qu'au libure de Iob, chap. 38. Dieu dict luy meſme. *Qui eſt ceſtui-cy qui enueloppe les ſentences de paroles ſans ſcience?* Sainct Bernard eſcript que l'Apoſtre Pierre a eſté pauure des richeſſes de ce munde, & qu'il a peu ſans aur, & argent propre, ſans cheual blanc, & ſans eſtaffiers accomplir le ſalutaire mandement *de paiſtre les ouailles*: Toutes-voies Sainct Bernard ne dict pas qu'il n'y a poinct eu en l'Apoſtre Pierre de puiſſance de diſpoſer des biens temporels des Chreſtiens, & des Royaumes meſmes, & Empires, ſi neceſſité ſpirituele le requeroit: *Imò* il dict le contraire, quand il applique au Pontife, entant qu'il eſt Pontife, & Vicaire de Chriſt, & Succeſſeur de Pierre ces paroles de Hieremie. *Voicy ie t'ay conſtitué ſur les gents & nations, & ſur les Royaumes , àfin que tu arraches, & perdes & diſſipes, & que tu ædifies, & plantes. Car la propre pauureté ne repugne poinct à la puiſſance de diſpoſer des richeſſes , & iuger les Rois de la terre.*

* Quel de ces mots cy ſonne le faſt ou orgueil ? Le labeur ſpirituel eſt pluſtoſt

Ruſticani

Rusticani magis sudoris schemate quodam labor spiritualis expressus est. Et nos igitur vt multum sentiamus de nobis, vel nobis impositum senserimus ministerium, non dominium datum, Non sum ego maior Propheta, etsi fortè per potestates : sed meritorum non est comparatio Hæc loquere tibi, & doce te ipsum qui alios doces. Puta te velut aliquem de Prophetis. An non satis ad te? Et nimiùm: sed gratia Dei es id quod es : Quid? Esto quod Propheta, Numquid plus quàm Propheta? Si sapis contentus eris mensura quam tibi mensus est Deus. Nam quod amplius est, à malo est. *Disce exemplo Prophetico præsidere, non tam ad Imperitandum, quàm ad factitandum quod tempus requirit: Disce sarculo tibi opus esse, non sceptro vt opus facias Prophetæ. Et quidem ille non regnaturus ascendit, sed extirpaturus.* Ce que ce grand & sainct personage auoit appris d'vn aultre sainct & grand Pape Gregoire I. lequel en son 3. libure *Pastoralis curæ admonitione* 35. auroit ainsi interpreté le passage du Prophete * *Hinc est quod Hieremiæ misso ad prædicationem dicitur.*

exprimé en iceuls par vne figure de la sueur du trauail du labourage rustique. Et nous doncques pour sentir beaucoup de nous, sentirions le ministere qui nous est imposé, & non vne domination donnée. Ie ne suis pas plus grand que le Prophete, ores que parauenture la comparaison de la puissance soit pareille, & non pas des merites. Parle à toy ainsi, & t'enseigne toy mesme, toy qui enseigne les aultres. Pense que tu es l'vn des Prophetes. Ne t'est ce pas assez? C'est encores trop. Mais par la grace de Dieu tu es, ce que tu es. Quoi? Sois ce qu'est vn Prophete, es tu plus que Prophete. Si tu es sage, tu seras content de la mesure que Dieu t'a mesuré. *Car ce qui est de plus est du maling.* Appren par l'exemple du Prophete à præsider non tant pour commander en Empereur, que pour faire ce que le temps requiert: Appren que tu as besoing d'vne *Serpe*, & non d'vn *Sceptre*, à fin que tu faces l'œuure d'vn Prophete. Et certainement cestui-là (*Hieremie*) ne monta pas pour regner, mais pour desraciner.

* *Paroles de S. Gregoire I. Pape.* De là il a esté dict à Hieremie quand il fut enuoié à la predication. *Car voicy ie t'ay constitué sur les gents, & nations, & sur les Roiaumes, afin*

Ecce enim constitui te super gentes, & super regna vt euellas &c. Quia (inquit Gregorius) *nisi priùs peruersa destruxerit, ædificare vtiliter recta non posset: Quia* (*nisi ab auditorum suorum cordibus spinas vani amoris euelleret, nimirùm frustrà in eis sanctæ prædicationis verba plantaret: Hinc est quod Petrus euertit, vt postmodùm construat.* Passons maintenant au Cardinal Bellarmin au chapitre dixneufuiesme, page cent cinquante-neuf, il recite les paroles de Barclay. * *Sed quid? si Imperator*(inquit Barclaius)*nolit ad nutum Sacerdotis gladium stringere? Imò si planè contra nutum Sacerdotis strinxerit, numquid aliquam Sanctus Bernardus hoc casu potestatem temporalem Sacerdoti tribuit in Imperatorem?* A quoy il faict ceste repartie qui est à noter. *Respondeo*,(inquit Bellarminus) *Si nolit Imperator ad nutum Sacerdotis gladium stringere, vel si contra nutum eius strinxerit, & res sit ad bonum spirituale necessaria, coget illum Pontifex gladio spirituali id est Censuris Ecclesiasticis gladium materialem stringere, aut in vaginam recondere, & si Censuris non mouebitur, & Ecclesiæ necessitas id requirat, liberabit subditos eius ab obedientia, eique imperium abrogabit. Ita ostendet gladium esse sub gladio, & vtrum-*

que tu arraches &c. Pource [dict Sainct Gregoire] que s'il n'auoit premierement destruict les choses peruerses, il ne pourroit pas vtilement ædifier les droictes: d'autant que si il n'arrachoit les espines de l'amour vain des cœurs de ses auditeurs, certainement en vain il planteroit en euls les paroles de la prædication. De là est que Pierre a demoli, pour apres rebastir.

Bellarmin.

Mais quoi? *si l'Empereur* (dict Barclay) *ne veult au signe de la volunté du Presbtre desgainer le glaiue? Voire si du tout contre le signe de ceste volunté du Presbtre il le desgaine, Sainct Bernard donne-il au Presbtre la puissance temporele sur l'Empereur?*

Ie responds (*dict Bellarmin*) si l'Empereur ne veult desgainer l'espee au signe de la volunté du Presbtre & il la desgaine contre ce signe, & la chose est necessaire au bien spirituel il le contraindra par le glaiue spirituel, c'est à dire

que gladium ad potestatem Ecclesiæ pertinere quamuis non eodem modo. ICY la Cour se resouuiendra de la principale raison, si c'estoit raison alleguée par le dernier parricide pour le mouuement qui l'auoit poussé à son entreprinse sur la sacrée persone du feu Roy HENRY IV. Car parlant de la guerre de Cleues, & de Iuliers, où iceluy Seigneur Roy se proposoit d'aller pour secourir les Princes d'Alemagne ses alliéz, cest abominable parricide a respondu en la face des Iuges qu'il auoit pensé que ceste guerre se faisoit contre le gré du Pape, & qu'il auoit creu que quiconque faisoit la guerre contre la volunté du Pape, la faisoit contre la volunté de Dieu, & que Dieu estoit le Pape, & le Pape estoit Dieu. Ce qui est à peser pour la consequence des confœderations & alliances du feu Roy, qui sont entretenues par la prudence de la Reyne Regente pour le bien de ce Roiaume. Au chapitre vingt & vnieme, page 174. Bellarmin dict son aduis sur l'establissement des Puissances Roiales, ou aultres Souueraines. * *Vt gubernentur homines à Regibus, vel à Consulibus, ab vno, vel à multis, à magistratu perpetuo, vel temporario ab hominum voluntate dependet. Quemadmodum etiam*

par Censures Ecclesiastiques de desgainer le glaiue materiel, & le remettre au fourreau : & s'il ne s'esmeut par des Censures, & la necessité de l'Eglise le requiert, il deliurera les subiects de son obeissance, & luy ostera l'Empire. Ainsi il monstrera que le glaiue est soubz le glaiue, & que l'vn & l'autre glaiue appartient à la puissance de l'Eglise, ores que cela ne soit pas de mesme maniere.

Bellarmin.

* Il depend de la volunté des hommes qu'ils soient gouuernez par Roys, ou par Consuls, par vn, ou par plusieurs, par Magistrat perpetuel, ou

part temporel. Comme pareillement que cestui-cy soit Roy plustost que cestuy-là, c'est chose qui ne se faict poinct par vne speciale iussion de Dieu.

quod iste sit Rex potius quam ille non Dei specialis iussio, sed hominum voluntas fecit. En quoy la Cour iugera si ceste proposition est conforme à la doctrine de verité, & science politique touchant l'establissement de la Monarchie, ou aultres Puissances estants en estat. Au chapitre xxiiij page 188 il dict * *Quod quando Reges fiunt hæretici, aut religioni obsunt, possunt ab Ecclesia iudicari, & etiam deponi à Principatu, nec vlla fiet eis iniuria si deponantur.* Au chapitre 27. page 20 il dict * *Quod quando Summus Pontifex propter hæresim, aut aliam iustam causam soluit populos à iuramento fidelitatis, simul etiam soluere solet à vinculo promissionis, ac iubere vt populi non amplius obediant ei cui promissionem obedientiæ fecerant.* Au chapitre xxxj. cest autheur faict vn Dialogue *Inter populum nimis addictum Regi terreno, & Pontificem populo salubriter consulentem.* Ce Dialogue est en la page 215 continué iusques à la 227. où le peuple est introduict demandant au Pape * *Pater sancte nequaquam es Rege nostro in temporalibus superior, eóque non potes obsequium temporale quod illi præ-*

Dire de Bellarmin.

* Que quand les Rois deuienent hæretiques, ou nuisent à la religion ils peuuent estre iugez par l'Eglise, & ainsi estre depolez de la Principauté, & que nulle iniure ne leur sera faicte si on les depose.

* Que quand le Souuerain pour hæresie ou aultre cause deliure les peuples du serment de fidelité, il a aussi accoustumé de les deliurer du lien de la promesse, & commander que les peuples n'obeissent plus à celui à qui ils auoient faict promesse d'obeissance.

* Dialogue entre le peuple trop affectionné au Roy terrien, & le Pontife conseillant salutairement le peuple.

Ce dialogue est faict par Bellarmin. Paroles du peuple au Pape. * Pere sainct tu n'es en rien superieur à nostre Roy és choses temporeles, & pourtant tu ne peus empescher l'obeissance temporele que nous luy rendons.

stamus

stamus impedire. A quoy Bellarmin faict respondre le Pape. * *Quando salus tua æterna in periculum adducitur propter obsequium temporale quod Regi præstas, tunc omninò sum superior Rege tuo etiam in temporalibus: Nam & illum & te ad vitam æternam dirigere debeo, & omnia impedimenta de medio tollere quæ hoc iter impediant*. Le reste qui est en ce Dialogue tend à mesme fin, & principalement est à noter ce qui est en la page 224 * *Non ego tibi gratiam facio præcepti naturalis, vel diuini, cùm ab obedientiæ vinculo te absoluo. Non enim permitto vt Regi non pareas, (quod esset contra ius diuinum) sed facio vt ille qui tibi Rex erat non sit tibi deinceps Rex*. Et là mesme est aussi remarquable ce que l'autheur dict. * *Attende primum Deum iubere vt Pontifici obedias in spiritualibus, sed non iubere vt in spiritualibus tantùm: Imò iubere vt Regi qui legitimè regnat, non Regi qui ob hæresim, vel alia iusta de causa regno priuatus ést*. Et au ch. 33 en la page 232. * *Quod autem Barclaius dicit posse Principem excommunicari, sed non posse priuari nisi spiritualibus bonis, ac per hoc non posse priuari auctoritate, vel iu-*

Response de Bellarmin aus paroles du peuple soubz la persone du Pape.

* Quant ton salut æternel est amené en danger à cause de l'obeissance temporele que tu prestes au Roy, lors ie suis du tout superieur à ton Roy, mesmement aus choses temporeles. Car ie le doy diriger & toy aussi à la vie æternele, & oster du milieu tous les empeschements qui peuuent obuier à ceste voie.

Bellarmin.

* Ie ne te fay poinct grace (relasche, ou remise) du præcepte naturel, ou diuin, quand ie t'absouls du lien d'obeissance: Car ie ne te permets pas de n'obeir poinct au Roy (qui seroit chose contraire au droict diuin) Mais ie fay que celui qui t'estoit Roy, ne te soit plus Roy doresenauant.

Bellarmin.

* Enten premierement que Dieu commande que tu obeisses au Pontife és choses spiritueles: Mais il ne commande pas que ce soit aus spiritueles seulement : ains aussi commande que consequemment tu obeisses aus temporeles : Mais au Roy qui regne legitimement, & non pas au Roy qui pour hæresie, ou pour aultre iuste cause est priué du Roiaume. *Bellarmin*. * Quant à ce que dict Barclay *que le Prince peut bien*

ri∫dictione, vel dominio temporali, neque poſſe ſubditos eius abſolui à fidelitate & obedientia quam illi debebant. Mirum eſt (inquit Bellarminus) *cùm ſacri Canones, (quorum ſcientiam ipſe profitetur) inter excommunicationis effectus ponant non ſolùm priuationem ſacramentorum, & ſuffragiorum, ſed etiam commercij ciuilis ac præcipuè forenſis, vt non poſſit excommunicatus pro tribunali ſedêre, & iudicare, neque ſubditi comparêre in iudicio coram excommunicato: Item priuationem, vel ſuſpenſionem iuriſdictionis, & abſolutionem ſubditorum à fidelitate. De qua re apud Gratianum* 15. 4. 6. *can. penult.* En la page 254 chap. xxxvi. * *Falſum eſt* (inquit Bellarminus) *quod Barclaius nimiùm ſæpè repetit corporalem pœnam in ſolius politici Magiſtratus poteſtate ſitam eſſe, cuius contrarium praxis oſtendit, præſertim in tribunali ſancti Officij.* Quel eſt ce tribunal & où il tend eſt fort remarquable ce qu'en dict iceluy Bellarmin en la page 264 chapitre xxxix où il a eſcript * *Oſtendere* (inquit) *voluimus poſſe Principes Eccleſiaſticos non ſolùm in foro interno conſcientiæ, ſed etiam in foro externo*

eſtre excommunié, mais qu'il ne peut pas eſtre priué ſinon des biens ſpirituels, & par là que l'on ne peut le priuer de l'authorité, ou iuriſdiction & ſeigneurie temporele, & que ſes ſubiects ne peuuent eſtre abſouls de la fidelité & obeiſſance qu'ils luy debuoient: Cela eſt merueilleux (*dict Bellarmin*) veu que les ſacrez Canons, (de la ſcience deſquels Barclay faict profeſſion) mettent entre les effects de l'excommunication non ſeulement la priuation des Sacrements & Suffrages, mais auſſi du commerce ciuil, & principalement du palais de Iuſtice à fin que l'excommunié ne puiſſe tenir le ſiege de Iudicature, ny iuger, ny que les ſubiects ſoient tenus de comparoir en iugement deuant l'excommunié. Item la priuation, ou ſuſpenſion de iuriſdiction, & abſolution des ſubiects de la fidelité.

Bellarmin. * Il eſt fauls (*dict Bellarmin*) ce que Barclay repete trop ſouuent que la pœne corporele eſt ſiſe en la puiſſance du ſeul Magiſtrat politique : dont (*dict Bellarmin*) la practique monſtre le contraire, principalement au Tribunal du Sainct Office.

Bellarmin. * Nous auons (*dict Bellarmin*) voulu monſtrer que les Princes Eccleſiaſtiques peuuent non ſeulement au for (qu'ils appellent) interne de la conſcience, mais auſſi au

Ecclesiastico disponere de temporalibus vt ad spiritualia ordinem habent. Sil faloit monstrer où vont ces deux especes *fori duplicis Ecclesiastici, vnius interni, alterius externi*, il y auroit beaucoup à dire: mais il y a encor plus à penser. Au mesme chapitre xxxvj. page 256 * *Potest* (inquit Bellarminus) *Pastor ac debet omnes oues ita pascere vt eis conuenit: Ergo potest Pontifex Christianis ea iubere, atque ad ea cogere ad qua quilibet eorum secundum statum suum tenetur, id est singulos cogere vt eo modo Deo seruiant quo secundum statum debent. Debent autem Reges Deo seruire defendendo Ecclesiam, puniendóque hæreticos, & schismaticos. Ergo potest Pontifex ac debet Regibus iubere vt hoc faciant, & nisi fecerint etiam cogere per excommunicationem, aliasque commodas rationes*. Et afin d'entendre* *quæ sunt illæ commodæ rationes*, il les expose en la page 257 où il dict * *Posse Pastorem summum Christianorum cogere omnes ad officium suum præstandum in obsequium Dei non intelligitur de sola coactione per excommunicationem, sed etiam per priuationem Regnorum & Principatuum, si ad salutem gregis idem Pastor expedire iudicauerit*: & au chapi-

for externe Ecclesiastique disposer des choses temporeles, comme elles ont leur ordre aus spiritueles.

* Le Pasteur peut (*dict Bellarmin*) & doibt paistre toutes les ouailles comme il leur conuient. Doncques le Pasteur peut commander aus Chrestiens les choses ausquelles chacun d'iceus est tenu selon son estat, & les contraindre chascun d'euls à seruir Dieu en telle sorte qu'ils le doibuent selon leur condition: Or les Rois doibuent seruir à Dieu en defendant l'Eglise, & punissant les hæretiques, & schismatiques. Donc le Pontife peut & doibt commander aus Rois qu'ils facent ces choses, & s'ils ne le font à ce les contraindre par excommunications, & aultres raisons commodes.

* *Quelles sont ces raisons commodes.*

Bellarmin.

* Le pouuoir du Souuerain Pontife des Chrestiens de les contraindre touts à faire leur debuoir à l'obeissance de Dieu ne s'entend pas de la seule contraincte par excommunication: Mais aussi par priuation de Roiaumes, & Principautez, si le mesme Pasteur iuge que cela soit expedient au salut du troupeau.

tre xxxvij. page 260. est repris ce que Barclay auoit escript, * *Quod dixi* (inquit Barclaius) *Papam posse separare Regem hæreticum à communione fidelium per excommunicationem, de separatione spirituali animarum non corporum intelligendum est: subditi enim Regi excommunicato obsequium denegare non debent*. A quoy Bellarmin respond *Hæc ille qui sine dubio* (inquit ipse Bellarminus vt etiam suprà docui) *non permittit per Pontificem interdici Regi hæretico administratione Regni & curatorem illi dare, vt ipse fatetur datum Regi Oziæ filium curatorem*: Qui est vn exemple cité par Bellarmin pour authoriser son aduis contre celuy de Barclay.

* *Bellarmin* rapporte de *Barclay* qu'il auoit dict ce qui s'ensuit. *Ce que i'ay dict que le Pape peut separer vn Roy hæretique de la communion des fideles par excommunication se doibt entendre de la separation spiritueles des ames, & non des corps: Car les subiects ne doibuent pas denier l'obeissance au Roy excommunié*: C'est [*dict Bellarmin*] ce qu'a escript Barclay qui sans doubte (comme i'ay cy deuant enseigné) ne permet pas que le Roy hæretique soit interdict par le Pontife de l'administration du Roiaume, & qu'il luy soit donné vn Curateur, comme il confesse que le fils du Roy Ozias auroit esté ordonné Curateur à son pere.

Voila ce qui est semé en diuers lieux de ce nouueau libure *du Cardinal Bellarmin touchant la Puissance qu'il attribue au Pape sur la vie temporele & sur les estats des Roys*, entre lesquels il parle du Roy Tres-Chrestien des François comme des aultres amplifiant par exemples les escripts qu'il auoit faict auparauant. Ce qu'il a faict de nouueau pour plaire dauantage à l'Esprit de Rome qu'il n'auoit pas faict par ses premiers traictez, bien qu'il n'en eust que trop dict contre les paroles mesmes de nostre Seigneur Iesvs Christ, & contre les

les escripts des Apostres & des Peres, & contre les saincts Decrets des saincts Conciles qui ont honoré les Puissances Superieures, comme ordonnees de Dieu. Mais quelques authoritez qu'il ait allegué pour establir ses maximes, elles ne peuuent confirmer son intention : Car ce qu'il allegue pour fortifier son dire est principalement fundé sur cinq exemples. *Le premier* de la procedure du Pape Gregoire II contre l'Empereur d'Orient. *Le second* de ce qui s'est faict en France contre le Roy Childeric pour Pepin par l'aduis du Pape Zacharie. *Le troisieme* du procedé du Pape Gregoire VII. dict Hildebrand contre l'Empereur Henry IV l'an de nostre Seigneur M.LXXX. *Le quatrieme* de ce que l'on dict auoir esté faict au Concile de Latran tenu en l'an 1216 où par le Pape Innocent III en icelui Concile, & depuis. *Le cinquieme* de ce que fit Innocent IV au Concile de Lyon contre l'Empereur Frideric II. Mais encor que nous sçachions & ne voions que trop ce que disoit Montanus au Senat de Rome * *quod diutiùs durant exempla quàm mores vel homines* : Toutesvoies tels exemples ne peuuent auoir assez de force sur les ames genereuses des vrais Chrestiens. Car pour commencer par le Pape Gregoire II

Dire de Montanus au Senat Romain.

* Que les exemples durent plus que les mœurs, ou les hommes.

c'est faire tort à sa memoire de dire qu'il ait rien prononcé contre Leon III Empereur d'Orient fors pour *le spirituel* tant seulement. Et à ceste cause Platina escript qu'icelui Pape exhorta les peuples d'Italie à n'obeir pas à l'Edict qu'auoit faict cest Empereur contre les Images. * *Qua cohortatione* (inquit) *adeò animati sunt Italiæ populi, vt paulùm abfuerit quin sibi alium Imperatorem deligerent: Quominùs autem id fieret authoritate sua obstare Gregorius annixus est.* Quant *au second exemple*, ce qui s'est passé en ce Royaume à la faueur de Pepin, ou est aduenu par le Conseil du Pape Zacharie, (comme Ado Archeuesque de Vienne l'a escript en l'Abbregé de ses Chroniques. Ce Pape aiant respondu à la quæstion de quelques François Qui estoit le plus digne d'estre Roy, ou celui qui manioit, ou vn faineant, * *Regem potiùs eum vocari debere qui Rempublicam gereret*) ou Pepin a esté esleué à la Royauté par viue force: En quelque maniere que ce soit l'exemple n'est pas bon, non plus que des aultres rebellions faictes à aultres Roys. Quant au 3. *exemple* de ce qui a esté faict par le Pape Gregoire VII luy qui parle pour la dignité Royale pourroit alleguer en cest endroict plusieurs authoritez de grands & tressaincts

Dire de Platina en la vie du Pape Gregoire II touchant son exhortation.

* Par ceste exhortation (dict-il) les peuples d'Italie furent tellement animez, que peu s'en fallut qu'ils ne s'esleussent vn aultre Empereur: Toutesfois affin que cela ne se fist Gregoire tascha de les en empescher par son authorité.

Conseil de Zacharie Pape recité par Ado Archeuesque de Vienne.

* Que celui-là debuoit plustost estre appellé Roy qui gouuernoit la Republique.

personages, comme de Valtramus Euesque de Nemburg, & de Venerie Euesque de Vercelles au libure par luy faict * *De discordia Regni & Sacerdotij*: Mais vne authorité entre toutes sera suffisante de l'Epistre du Clergé de Liege au Pape Paschal, où il est faict mention de ce Pape Gregoire VII nommé Hildebrand és mots qui ensuiuent: * *Solus Hildebrandus Papa vltimam manum sacris Canonibus imposuit, quem legimus præcepisse Mathildi Marchionissæ in remissionem peccatorum suorum vt debellaret Henricum Imperatorem. Quod iustè nec ne ipse, vel alij fecerint nulla authoritate discimus.* Quant au 4. *exemple* tiré d'vn pretendu decret du Concile de Latran soubs le Pape Innocent III rapporté en la collection des Decretales faicte par le Pape Gregoire IX *in cap.* 2. *excommunicamus, tit. de Hæreticis*, L'authorité de ce pretendu Decret n'est pas certaine pour dire que ce soit vne sanction du Concile: Car encores qu'iceluy Decret & quelques autres se trouuent semez en diuers endroicts dans les antienes collections des Decretales des Papes, mesmement en celles de Gregoire IX qui est de l'an 1230, *Neantmoins* iceuls Decrets ne sont. pas couchez aus recueils antiens en forme de Sanctions ar-

Libure de Venerie Euesque de Vercelles.
* De la discorde du Regne, & de la Presbtrise

Dire du Clergé de Liege en l'Epistre du Pape Paschal.
* Le Pape Hildebrand a esté le seul qui ait imposé la derniere main aus sacrez Canons, lequel nous lisons auoir enchargé à *la Marquise Mathilde* pour la remission de ses pechez de combatre l'Empereur Henry. Ce que s'il a faict iustement ou luy ou aultres, nous ne l'apprenons par aulcune authorité.

Matthieu Paris en son Histoire majeure de ce qui s'est passé és années 1215. & 1216.

* On celebra (dict-il) à Rome au mois de Nouembre vne saincte & vniuerselle Synode en l'Eglise de Sainct Sauueur, qui est appellee *Constantiniana*, Præsident le Pape Innocent III l'an 18 de son Pontificat, en laquelle se trouuerent 412 Euesques, Lesquels ayants esté assemblez, apres que chacun selon la coustume des Conciles Generauls eust la place que sa qualité requeroit, exhortation faicte par le Pape on recita en plein Concile soixante chapitres qui semblerent à aulcuns faciles, aus aultres fascheus & onereus.

Le mesme Matthieu Paris en son Histoire qu'il nomme mineure.

* Dict que le Pape Innocent III rompit le Concile, & tout le Clergé s'en retourna triste.

Dire de Platina touchant le Concile de Latran soubs le Pape Innocent III.

* On mit en auant beaucoup de poincts pour deliberer: & neantmoins il n'y peut rien estre ordonné

restees par les saincts Peres Primats, Archeuesques ou Euesques en plein Concile: *Imò* plusieurs autheurs du temps de ce grand Pape Innocent III ont escript qu'il ne fut rien determiné, ny arresté par le Concile de Latran. Dont entre plusieurs est à noter ce qu'en dict* *Matthæus Paris in maiore historia de gestis anno* 1215. *&* 1216. *Celebrata* (inquit) *est Romæ sancta & vniuersalis Synodus in Ecclesia Sancti Saluatoris quæ Constantiniana appellatur mense Nouembri, Præsidente Papa D. Innocentio III Pontificatus eius anno* 18, *In qua fuerunt Episcopi* 412. *His omnibus congregatis in suo loco, & iuxta morem Conciliorum Generalium singulis in suis ordinibus collocatis, facto prius ab ipso Papa exhortationis sermone, recitata sunt in pleno Concilio capitula* lx *quæ alijs placabilia, alijs videbantur onerosa.* Et le mesme autheur dict ailleurs **in minore Historia, quod Papa Concilium dissoluit, totúsque Clerus abijt tristis.* Dequoi il allegue plusieurs raisons, lesquelles il n'est besoing de rapporter icy. En somme Platine parlant de ce mesme Concile de Latran en la vie de ce Pape Innocent III * *Venêre* (inquit) *multa tum quidem in consultationem, nec decerni tamen quicquam apertè potuit, quòd Pisani & Genuenses maritimo, & Cisalpini*

terrestri

terrestri bello inter se certarent. Eò itaque proficiscens Pontifex tollendæ discordiæ causà Perusij moritur. Vray est que certains esprits qui estoient remuants en ce temps là voyants que Raymond lors Comte de Tolose adheroit à l'opinion des Albigeois pressèrent le Roy Philippe Auguste, & inciterent le Pape à interceder enuers sa Maiesté à ce que Simon de Montfort fut enuoyé en Languedoc pour y faire la guerre, & deposseder le Comte Raymond de ses biens: Mais il n'y a point d'authorité certaine que cela ait esté faict en l'execution des pretendus Decrets du Concile de Latran. Bien dict * *Rigordus in libro de gestis Philippi Augusti Francorum Regis. Quod Papa procurante, & Rege concedente Simon ille Comes Montisfortis Tolosanus Comes factus fuit.* Mais le succez de ce Capitaine Simon de Montfort ne fut pas fort heureus. Tesmoin ce que dict le mesme Rigordus. * *Quod ipse Simon cùm Albigenses & Tolosani aduersus ipsum Ciuitatem muniuissent, eam ille viriliter obsedit. Sed in ipsa obsidione lapide percussus vitam finiuit.* Bien adiouste-il qu'il fit ceste fin *in fide Catholica.* Mais la guerre ny la confusion des Albigeois ne cessa pourtant. Car ainsi que Dieu en telles occurrences a benit les armes

à cause des Pisans & Geneuois, lesquels combattoient sur mer les vns contre les aultres. Parquoy le Pape s'y acheminant à fin de les mettre d'accord, il mourut à Peruse.

Rigordus au libure des faicts de Philippe Auguste Roy de France dict Que le Pape procurant, & le Roy l'accordant Simon Comte de Montfort fut faict Comte de Tolose.

Paroles du mesme Rigordus. Que le mesme Simon de Montfort comme les Albigeois & Tolosains eussent muny la ville contre luy, il l'assiegea courageusement. Mais il finit sa vie en ce mesme siege frappé d'vn coup de pierre. *Vray est qu'il fit ceste fin en la foy Catholique.*

spiritueles, & non celles du siecle, on eust pris vne meilleure voie pour la section des sectes noueles en les retrenchant par le glaiue de la parole de Dieu, qu'en y employant le glaiue materiel, comme aulcuns ont voulu faire de nostre temps. A quoi encores qu'ils fussent portez par l'allegation qui leur estoit faicte de ces pretenduz Decretz du Concile de Latran ou de ce qui s'estoit faict par le Pape Innocent III Toutesfois cela n'esbranla pas les vrais François en la derniere assemblée des Estats tenus à Blois en l'an 1589. Car les bien-entendus au droict Diuin & humain, & aus lois d'Estat des Royaumes, & notamment de la France, auoient en memoire l'histoire notable de ce qui fut faict au Conseil Priué & d'Estat du Roy Philippe Auguste tenu à Lyon en l'an 1216 recité par Matthieu de westmonstier, où il rapporte ce qui s'ensuit, * *Rex, inquit, Iohannes qui resignauerat coronam Angliæ Innocentio III Papæ, & ei fecerat homagium, & sic de liberrima regione ancillam anno Domini* 1313 (*& ideo Extorris appellatus est*) *audiens de aduentu Ludouici* (*filij Philippi Regis Francorum*) *in Angliam* (*anno* 1216) *Cantuariam aduolauit : Et interim applicuit Gualo Legatus missus à Domino*

Matthieu de westmonstier en son liure intitulé Fleur des Histoires, *recitant les choses passees és annees* 1213 *&* 1216 *de Nostre Seigneur dict ainsi*, * (Le Roy Iehan lequel auoit resigné la Corone d'Angleterre au Pape Innocent III & luy auoit faict l'hommage : & ainsi d'vne region tres-libre en auoit faict vne serue l'an de nostre Seigneur 1213, & pourtant fut appellé Sans terre) aiant ouy la venue de Louys (Fils du Roy de France Philippe) en Angleterre, se retira promptement en Cantuarie. Et cependant arriua Gualo Legat enuoyé par le Pape Innocent III pour la defense dudict Roy Iehan, lequel Legat auoit passé vers le Roy

Papa Innocentio III ad tuitionem Regis Iohannis, qui transitu facto per Regem Francorum Philippum ex parte Domini Papa omnibus modis dißuaserat, ne filium suum Ludouicum in succursum excommunicatorum (qui Iohannis Regis erant aduersarij) transmitteret, ne Ecclesia Romana patrimonio suo priuaretur. Quod cùm intellexisset Rex Philippus hoc de Regno Angliæ dictum fuisse, ita mox „respondit. Regnum Angliæ patrimonium „Petri vel Ecclesiæ Romanæ nunquam fuit, „nec est, nec erit. Item Rex vel Princeps non „potest dare Regnum suum sine assensu Ba„ronum suorum qui regnum tenentur de„fendere: Et si Papa hunc errorem tueri alle„ctus nouæ dominationis libidine contu„maciter decreuerit, exemplum omnibus „regnis dabit perniciosum. * *Ad quod verbum omnes circumstantes Franciæ Magnates quasi vno ore clamare cœperunt, quod pro isto articulo starent vsque ad mortem „ ne videlicet Rex vel Princeps per impetum propria voluntate posset Regnum dare vel tributorium facere, vnde nobiles Regni efficerentur serui. Acta sunt hæc apud Lugdunum die xv post Pascha.* Voila comme les grands & genereus François, de ce temps-là, qui ne peuuent estre iamais assez loüez, & dont l'au-

de France Philippe de la part du Pape, s'estant essayé de le dissuader par touts moiens d'enuoier Louis fils dudict Seigneur Roy au secours des excommuniez (*c'estoit à dire au sens du Pape des aduersaires du Roy Iehan d'Angleterre*) affin que l'Eglise Romaine ne fut poinct priuee de son patrimoine. Ce que le Roy de France Philippe aiant entendu estre dict du Roiaume d'Angleterre, respondit promptement. „*Le Roiaume d'Angleterre n'a oncques esté, „n'est, & ne sera patri„moine de Pierre, ou de „l'Eglise Romaine. Item „que nul Roy ne Prince „ne peut donner le Roiau„me sans le consentement „de ses Barons, qui sont „tenus defendre le Regne. „Et si le Pape allechè de la „conuoitise de nouuelle „domination s'amuse à „defendre cest erreur auec „obstination, il donnera „vn exemple pernicieus à „touts les Royaumes.*

Ausquelles paroles touts les assistants des Grands de la France comme d'vne bouche commencerent à s'escrier qu'ils tiendroient ferme pour cest article iusques à la mort, Sçauoir est que ny Roy, ny Prince ne peust par le mouuement de sa propre volunté donner vn Roiaume, ou le faire tributaire, de façon que les Nobles du Roiaume fussent faicts esclaues. Ces choses furent faictes à Lyon, le 15 iour apres Pasques *en l'an* 1216.

thorité nous a serui depuis, mesme lors qu'il falut suiure leurs maximes, & citer leur declaration en la remonstrance qui fut faicte par luy qui parle au Parlement seant à Tours lors de la lecture des lettres patentes de nostre Roy de tres-heureuse memoire Henry le Grand du 5 Ianuier 1590, portants declaration à la venue d'vn Cardinal enuoié par le Pape, qu'il seroit receu auec honneur, s'il auoit charge de venir vers iceluy Seigneur Roy, sans entreprendre sur son Estat, ny sur les droicts de l'Eglise Gallicane. Et ceste parole toute franche & veritable de nos François tesmoins de ce qui fut faict au temps du Pape Innocent III ne peut estre iamais assez dicte & redicte pour la confiner en la memoire de la posterité. Donc ce qu'on allegue comme ordonné en ce Concile de Latran soubz le Pape Innocent III ou par lui, & surquoi aulcuns ont pris subiect d'animer les peuples à s'armer & reuolter contre les Rois soubz le prætexte de Religion ne doibt estre tiré en argument pour attribuer au Pape la puissance que luy donne le Cardinal Bellarmin és choses temporeles soit *directe* ou *indirecte*, comme il dict *in ordine ad spiritualia*, Car quand le C. *excommunicamus de hæreticis extra* auroit esté faict & arresté par les Peres d'vn d'vn Concile & authorisé par ce grand Pape Innocent III il ne derogeroit pas à ce que luy mesme auoit auparauant declaré non seulement par sa Decretale *Per venerabilem tit. Qui filij sunt legitimi* sus alleguee & expliquee selon son vray sens, ains encor par vne aultre qui est au tiltre *de Iudiciis* libure 2. chapitre 13. *Nouit ille &c.* en la collection des Decretales faicte par le Pape Gregoire IX. où le texte est recité à demy, Mais se trouue entier au recueil qu'a faict *Antonius Augustinus Collectione 3. lib. 2. tit. 1. cap. 3.* où ce Pape Innocent dict ainsi, * *Exaltationem Regni Francorum sublimationem Apostolicæ Sedis reputantes.* Et posteà, *Non enim* (inquit) *intendimus iudicare de feudo cuius ad ipsum* (nempe Regem, cuius anteà meminerat) *spectat iudicium.* Quant au *cinquieme exemple* dont Bellarmin s'est voulu seruir tiré du Concile tenu à Lyon l'an 1245 soubs le Pape Innocent IV. contre l'Empereur Frideric II, il ne s'en peut tirer aucun argument qui puisse establir les nouuelles maximes de Bellarmin touchant la puissance du Pontife sur le temporel des Roys, soubs quelque couleur que l'on puisse apporter. Bien est vray que le Pape Innocent IV excommunia l'Empereur Fri-

Paroles du Pape Innocent III au C. nouit. extrà de iudiciis in antiquis Decretalibus.

* Reputants l'exaltation du Roiaume de France estre le relief du Siege Apostolique. Et apres. Nous n'entendons iuger de son fief, c'est au Roy à qui en appartient le Iugement.

deric II le iour de Sainct Iacques à la 3 ferie., qui fut le 3. iour du Concile, comme a remarqué Albertus *Abbas Stadiensis* (ce qui est à peser pour le bref temps & forme du procedé:) Estant aussi fort notable ce qu'adiouste le mesme Abbé parlant de la sentence du Pape fulminee à Lyon, * *Qua sententia* (inquit) *per mundum volante quidam Principum cum multis aliis reclamabant, dicentes: Ad Papam non pertinere Imperatorem instituere vel destituere*. Et faict à ce propos ce que Matthæus Paris racompte de nostre Roy sainct Louys que ce bon & sage Prince auroit emploié touts ses efforts enuers le Pape, afin de l'accorder auec l'Empereur. * *Quod* (inquit) *cum Papa erecta ceruice refutasset Rex Francorum iratus, & indignatus est eò quod humilitatem quam sperauerat in seruo seruorum Dei non reperisset*. En quoi ce bon Prince plein d'integrité & de iugement fit paroistre qu'il estoit fort mal content de telle rigueur, cognoissant les mauls que la discorde apporteroit à la Religion Chrestiene: Dont luy & les Barons de France tesmoignerent encor d'ailleurs estre desplaisants quand le Pape enuoya vn Nunce vers sa Maiesté, qui luy fit entendre qu'au lieu de l'Empereur Frideric

Paroles d'Albert Abbé de Stade touchant la sentence du Pape Innocent IV Contre l'Empereur Frideric II rendue au Concile tenu à Lyon.

* Laquelle sentence volant par le munde, aulcuns Princes auec plusieurs aultres reclamoient, disants n'appartenir au Pape d'instituer ou destituer vn Empereur.

Recit de Matthieu Paris parlant du Roy Tres-Chrestien S. Louis.

* Que le Pape aiant refusé la teste leuee la proposition qui luy auoit esté faicte par le Roy S. LOVIS, qui le vouloit accorder auec l'Empereur, ce bon Roy en fut courroucé & indigné par ce qu'il n'auoit pas troué au seruiteur des seruiteurs de Dieu, l'humilité, laquelle il auoit esperé d'y rencontrer.

destitué par sa Sentence il auoit choysi le Comte Robert Frere du Roy, pour estre substitué à l'Empire. Car sa Majesté & ses Barons ne voulurent poinct entendre à telle proposition. Ce qu'ils firent voir, & declarerent en ces paroles dictes par euls à l'Empereur * *Nolit Deus vt vnquam ascendat in cor nostrum vt aliquem Christianum sine manifesta causa impugnemus: Nec nos pulsat ambitio : Credimus enim Dominum nostrum Regem Galliæ, quem linea Regij sanguinis prouexit ad regenda Francorum sceptra, excellentiorem esse aliquo Imperatore, quem sola electio prouehit voluntaria. Sufficit Domino Comiti Roberto Fratrem esse tanti Regis.* Ce donc que ce Pape Innocent IV, ou aultres deuant ou depuis luy long temps apres Nostre Seigneur Iesus Christ, & ses Apostres au lieu de les ensuiureont escript & ordonné par contrauention à leur doctrine aiants entrepris de toucher aus Rois & aus biens temporels par Decrets contraires aus Ordonnances Euangeliques & Apostoliques qui enioignent de *rendre à Cæsar, ce qui est à Cæsar*, est vn droict nouueau qui tend à la subuersion des Royaumes & Estats ordonnez de Dieu, & partant ne peut

Responce des François subiects & seruiteurs du Roy S. Louis sur les propositions du Pape contre l'Empereur.

* A Dieu ne plaise que iamais il monte en nostre cueur la moindre enuie de vouloir offenser pas vn Chrestien sans cause maniseste. Mais nous croions que le Roy de France nostre Seigneur, lequel la ligne du sang Roial a auancé au Sceptre du Roiaume, est plus excellét qu'vn Empereur qui n'est eleué à la dignité Imperiale que par l'election voluntaire de certaines persones. Il suffict à Monseigneur le Comte Robert d'estre Frere d'vn si grand Roy.

auoir aulcune force, ne vertu. Et quand ores les Peres, Primats, Archeuesques & Euesques assemblez en vn Concile mesme Oecumenique auroient faict quelques Decrets auec le Pape ou ses Legats, ou sans euls, par lesquels les Puissances *superieures estants* (comme dict S. Paul) *en estat, & ordonnées de Dieu* seroient diminuees ou restrinctes en quelque sorte que ce fust, mesmes pour la police temporele & pouuoir du Magistrat en l'exterieur de l'Eglise, *tels Decrets* ne pourroient lier les Roys ou Princes & Seigneurs Souuerains ne leurs subiects, soient clercs, soient seculiers. Car *c'est vne maxime certaine & Catholique tenuë de tout temps, & par tous les lieux où la Religion Chrestiene a esté plantée, & par toutes persones ayants bon sentiment de la verité*, que nul Concile du monde, soit Vniuersel, National, General ou Prouincial ne peut rien decerner des choses temporeles, *ny directement, ny indirectement*. La raison en est, d'autant que le Concile est composé de Peres, Archeuesques, ou Euesques la pluspart subiects des Princes & Estats temporels, * *Ecclesia autem est in Republica, & non Respublica in Ecclesia*. Comme disoit Optatus Mileuitanus grand Euesque d'Afrique. Et partant

* *Dire d'Optatus Euesque d'Afrique.*
L'Eglise est en la Republique, & non la Republique en l'Eglise.

tant il n'est pas loisible aus Euesques n'estants que Gents d'Eglise de faire determination ou decision quelcunque au dommage de leurs Seigneurs Temporels, par le congé desquels il sont assemblez en leurs pays, ou partis d'iceluy pour aller en vn autre où se tient le Concile: Ains leur est permis tant seulement d'ordonner de ce qui est de la Foy, & de la Religion & doctrine. Car ils ne peuuent pas mesmement toucher à la Police exterieure des Eglises au preiudice des regles & lois des pays & regions où elle est establie par lois Roiales & ordonnances, comme en ce Royaume: Estant vray de dire que les Rois (& le nostre signamment) ont leur pouuoir semblable à celuy du Grand Empereur Constantin, qui (comme rapporte l'Histoire Ecclesiastique de son temps) souloit se dire* *Episcopum exteriorum*: n'estant subiect aulcunement à la iurisdiction ou pouuoir des Euesques, pour ce qui est de son Estat, ou de ses deportements, ains à Dieu seul. Et cela est tellement veritable qu'entre les premiers, & les plus grands de nos Prælats Gregoire Archeuesque de Tours au V de son Histoire des François rapporte ce qu'il en auroit dict au Roy Chilperic

* Constantin le Grand souloit se dire Euesque des choses exterieures.

Dire de Gregoire Archeuesque de Tours au Roy Chilperic.

* Si quelqu'vn de nous (ô Roy) vouloit oultrepasser la voie de Iustice, il peult estre corrigé par toy. Que si tu l'oultrepasses, qui te reprendra? Car nous parlons à toy: Mais si tu veuls, tu y prestes l'aureille. Que si tu ne veuls, qui te condamnera, sinon celuy qui s'est declaré luy-mesme estre la Iustice? (*Sçauoir est celui qui dans Hieremie le Prophete c. 23 est nommé* Le Seignevr Iosadach nostre Ivste, ov nostre Ivstification? *& au 9. de Zacharie* le Roy Ivste et le Savvevr.)

* Psalme *de Confession.*

parlant de luy Gregoire & de ses Coëuesques en ces termes* *Si quis de nobis (ô Rex) iustitiæ tramitem transcendere voluerit, à te corrigi potest: Si verò tu excesseris, quis te corripiet? Loquimur enim tibi, sed si volueris, audis: si autem nolueris, quis te condemnabit, nisi is qui se pronunciauit esse iustitiam?* (Ille nimirùm Dominus noster Iesvs Christvs qui apud Hieremiam Prophetam c. 23. prædictus fuit Dominvs Iosadach, Ivstvs noster, avt Ivstificatio nostra, & apud Zachariam 9 Rex Ivstvs et Servator ipse) Et à la verité les Roys ne pechent sinon à Dieu. Et pourtant disoit le Roy Dauid en cest excellent Psalme 50 (que Sainct Irenæe ha nommé *(*Psalmum exomologeseos*) *Tibi soli peccaui* parlant à Dieu, auquel seul les Roys sont comptables de leurs pechez, & non poinct subiects à la iustice des hommes. Ce qu'ont tres-bien noté plusieurs Interpretes sur ce lieu. A sçauoir entre les Grecs S. Cyrille[a],

[a] S. Cyrille allegué au libure intitulé *Aurea in quinquaginta Dauidicos Psalmos Catena Interprete Daniele Barbaro Electo Patriarcha Aquileiensi Venetiis apud Georgium de Caballas, anno* 1569 *paginis* 531 *&* 532 dict ainsi sur ces mots du Psalme 50 Tibi soli &c. *Impius est qui Regi dicit, impiè agis: Alicubi Scriptura dicit Quoniam igitur nullus erat qui me cùm peccarem posset redarguere, & tu peccantes corrigis,* Tibi soli peccaui, *&c.* S. Cyrille sur le Psalme 50. Celui est impie qui dict au Roy, Pourquoy faicts-tu iniquement? l'Escripture dict en quelque lieu, Par ce donc que nul ne me pouuoit redarguer quand ie pecherois, & toy (*o Dieu*) corriges les pecheurs i'ay peché à toi seul.

[b] Didyme cité au mesme libure traduict par le Patriarche d'Aquiléie dict en ces termes parlant du Roy Dauid, *Quatenus Rex erat non subijciebatur humanæ legi vnde nulli ex legum*

Didyme [b], & Nicephore [c]: & entre les Latins Arnobe [d], S. Ambroise [e], Antonius Agellius [f] Euesque d'Acerne. Et ne peuuent

conditoribus ; peccauit, neque coram vllo ex illis malum hoc fecit. Quoniam verò ad Regiam dignitatem illius accessit vt pius esse vellet, diuinæ legi subiectus fuit, & propterea soli Deo peccauit, & malum fecit coram eo, cùm ad Vriæ vxorem ingressus est.

Didyme sur le Psalme 50 parlant du Roy Dauid, entant qu'il estoit Roy, n'estoit pas subiect à la loy humaine : Parquoi il n'auroit peché à aulcun des Legislateurs entre les hommes, ny faict le mal deuant aulcun d'eulx. Mais par ce que oultre la dignité Royale il auroit voulu estre pieus, il a esté subiect à la loy diuine, & pourtant il a peché à Dieu seul, & a faict mal deuant luy quand il a pris la femme d'Vrie.

[c] Nicephore allegué au mesme liure traduict par le Patriarche d'Aquiléie, *Rex cùm ego sim, tibique soli subiectus, tibi soli peccaui : Alioquin Vriam iniuria affeci. Sed peccatum ipsum ad te transijt, quoniam leges tuas transgressus sum.*

Nicephore sur le Psalme 50 represente le Roy Dauid disant ainsi à Dieu, Estant Roy & subiect à toi seul, i'ay peché à toi seul, i'ay bien faict iniure à Vrie. Mais le peché a passé à toi (*ô Dieu*) par ce que i'ay transgressé tes lois.

[d] Paroles d'Arnobe sur ces mots du Psalme cinquantieme *Tibi soli peccaui, Omnis* (inquit) *qui sub iudicio viuit cùm deliquerit peccat Deo : peccat & legibus mundi. Hic autem Rex sub nullo alio nisi sub solo Deo agens, ipsum solum super potestatem suam metuens Deo soli peccauit.*

Tout homme (*dict Arnobe*) viuant soubz le iugement aiant delinqué peche à Dieu, & peche aussi aux lois du munde. Mais ce Roy qui ne viuoit soubz aultre que Dieu seul, le craignant luy seul sur sa puissance a peché à Dieu seul.

[e] S. Ambroise sur le mesme Psalme 50 sur ces mots *Tibi soli* parlant du Roy Dauid. *Rex vtique erat : nullis ipse legibus tenebatur, quia liberi sunt Reges a vinculis delictorum. Neque enim vllis ad pœnam vocantur legibus, tuti Imperij potestate. Homini ergo non peccauit, cui non tenebatur obnoxius, sed quamuis tutus imperio, deuotione tamen ac fide erat Deo subditus, & legi eius subiectum se esse cognoscens peccatum suum negare non poterat, sed quasi reus cum amaritudine fatebatur.*

S. Ambroise parlant du Roy Dauid, sur ces mots qu'il auroit dict à Dieu, *I'ay peché à toj seul.* Car il estoit Roy : & n'estoit tenu à aulcunes lois, d'autant que les Rois sont libres des liens des delicts. Car ils ne sont appellez à aulcunes pœnes par les lois, asseurez de la puissance de leur Empire. Il n'a donc peché à l'homme, à qui il n'estoit point tenu ny obligé. Mais encores qu'il fust asseuré de son Empire, toutesuoies il estoit subiect par deuotion & par foy à Dieu & à sa loi, à laquelle se recognoissant tenu il ne pouuoit pas nier son peché, mais il le luy confessoit comme coulpable auec amertume.

[f] *Antonius Agellius ex congregatione clericorum regularium Episcopus Acernensis in libro qui inscriptus est* Commentarij in Psalmos & in diuini Opificij Cantica *Impressi Romæ ex Typographia Vaticana anno 1606 pagina 236 ad Psalmum 50* Tibi soli peccaui. *Quia cùm Regia dignitate ac potestate cæteris præstem omnibus, & nulli factorum meorum rationem reddere debeam, tuo solius iudicio subiectus sum, teque solum iudicem habeo. Itaque si quid peccaui,* Tibi soli peccaui, *tuus reus sum, à te solo aut damnandus, aut absoluendus.*

Paroles d'Antoine Agelle Euesque d'Acerne en ses Commentaires sur les Pseaumes imprimez à Rome

ceuls qui veulent attribuer au Pape la puissance de iuger les Rois exposer ces paroles d'aultre sorte, non plus que celles de Gregoire de Tours. Car voulants donner au Pape la puissance laquelle Dieu seul ha sur les Roys, ils adiousteroient à la parole diuine, ce qui est prohibé par les sainctes lois. Et en cela ils ne prenent pas garde à ce que le bon Pape Gregoire XIII disoit dignement à vn Ambassadeur d'Hespaigne distinguant la puissance spirituele d'auec la temporele *Que si l'vne enjambe sur l'autre elle se ruine*. Et à la verité en telles choses la sentence des Peres Hebreus est certaine *Quicunque adiouste il diminuë*. Partant les nouueaus libures qui enseignent que le Pape est par-dessus les Rois aus choses temporeles ne doibuent estre soufferts. Et n'y en a que trop qui se licentient d'escrire contre les Princes, & Estats temporels: Dequoy non seulement iceuls Princes, mais tous bons subjects se doibuent offenser, ainsi qu'ont faict n'agueres les Officiers du Roy d'Hespagne contre les escripts du Cardinal Baronius touchant la Sicile: En quoi ils ont acquis grande loüange par tout le munde. Et nous ne debuons pas moins à nostre Roy Tres-Chrestien pour la vie, pour

en l'Imprimerie Vaticane l'an 1606 pag. 236 sur ces mots du Roy Dauid à Dieu. *I'ay peché à toi seul*, Par ce qu'estant par dessus touts aultres hommes par la dignité & puissance Roiale, & que ie ne doy rendre compte de mes actions à persone du munde, Ie suis subiect (*ô Dieu*) au iugement de toi seul. Partant si i'ay peché en quelque chose, ie suis coulpable enuers toy, qui doibs estre condamné & absouls par toi seul.

pour l'honeur de sa Majesté, & pour le temporel de ses Estats. *Imo* si en tout temps il est sainct, il est iuste, il est honorable, & est du courage & de l'amour des François enuers leur Roy, & le Royaume de tenir les maximes de verité, & defendre la franchise & liberté Gallicane, certainement cela se doit principalement *durant le bas aage du Roy regnant soubz l'heureuse Regence de la Royne sa mere* : & Dieu nous ordonne de le faire ainsi par la bouche des Apostres S. Pierre & S. Paul, l'vn desquels à sçauoir S. Pierre en sa 1 epistre, c. 2 * *Subiecti* (inquit) *estote omni humanæ creaturæ propter* DEVM, *siue Regi quasi præcellenti, siue Ducibus tanquam ab eo missis ad vindictam malefactorum, laudem verò bonorum: quia sic est voluntas* DEI, *vt benefacientes obmutescere faciatis imprudentium hominum ignorantiam, quasi liberi, & non quasi velamen habentes malitiæ libertatem, sed sicut serui* DEI. *Omnes honorate, fraternitatem diligite,* DEVM *timete, Regem honorificate*. L'aultre qui est S. Paul dict en termes excellents au 13 c. aus Romains * *Omnis anima sublimioribus potestatibus subdita sit. Non est enim potestas nisi à* DEO. *Quæ autem sunt, à* DEO *ordinatæ sunt. Itaque qui*

S. Pierre en sa premiere epistre c. 2.

* Soyez subiects à toute creature humaine pour l'amour de Dieu, soit au Roy comme au Superieur: soit aus Gouuerneurs, comme à ceus qui sont enuoyez de par luy, à la vengeance des malfaicteurs, & à la louange de ceus qui font bien. Car telle est la volunté de Dieu, qu'en faisant bien, vous fermiez la bouche à l'ignorance des hommes imprudents: comme libres, & non poinct comme ayants la liberté pour couuerture de malice, ains comme seruiteurs de Dieu. Portez honneur à touts: Aymez Fraternité: Craignez Dieu: Honorez le Roy.

S. Paul aus Romains c. 12.

* Toute persone soit subiete aus Puissances Superieures: Car il n'y a poinct de Puissance sinon de par Dieu, & les Puissances qui sont, sont ordonnees de Dieu. Parquoy qui resiste à la Puissance

resistit Potestati., DEI ordinationi resistit. Qui autem resistunt, ipsi sibi damnationem acquirunt. Nam Principes non sunt timori boni operis, sed mali. Vis autem non timere Potestatem, bonum fac, & habebis laudem ex illa: DEI enim minister est tibi in bonum. Si autem malum feceris, time: Non enim sine causa gladium portat: DEI enim minister est vindex in iram ei qui malum agit. Ideoque necessitate subditi estote, non solùm propter iram, sed propter conscientiam: Ideò enim & tributa præstatis: Ministri enim DEI sunt in hac ipsum seruientes. Reddite ergo omnibus debita, *cui tributum, tributum, cui vectigal, vectigal, cui timorem, timorem, cui honorem, honorem.* Et à cela nous sommes portez par l'Esprit principal, qui est l'Esprit de Dieu : & comme dict Sainct Paul.* *vbi. spiritus, ibi libertas.* En quoi le Pape ne sera poinct blessé, & ne debura prendre mescontentement : Au contraire sa Saincteté estant bien informee verra que c'est faire pour elle mesme quand on conserue ce qui est des droicts & de la dignité des Roys, & mesmement de nostre Roy Tres-chrestien, pour lequel on a tousiours soustenu ce qui fut dict par Philippes le Bel Roy de France & de Na-

resiste à l'ordonnance de Dieu, & ceus qui y resistent, feront venir damnation sur eus-mesmes. Car les Princes ne sont poinct à craindre pour bonnes œuures, mais pour mauuailes. Or veus tu ne craindre poinct la Puissance? fay bien, & tu receuras louange d'icelle. Car le Prince est seruiteur de Dieu pour ton bien: Mais si tu fais mal, crains: Car il ne porte poinct le glaiue sans cause, car il est seruiteur de Dieu, pour faire vengeance en ire de celuy qui faict mal. Et pourtant soyez subiects par la necessité, non point seulement pour l'ire: mais aussi pour la conscience. Pour ceste cause aussi vous payez les tributs, car ils sont Ministres de Dieu s'employants à cela. Rendez donc à touts ce qui leur est deub : à qui tribut, le tribut : à qui peage, le peage : à qui crainte, la crainte: à qui honneur, l'honneur.

S. Paul en la 2. epistre aux Corinthiens c.3 v. 7.

* Où est l'Esprit, là est la liberté.

uarre respondant aus paroles haultaines du Pape Boniface VIII, qui l'auoit ausé appeller son subiect *tant au spirituel qu'au temporel,* & ce que depuis a escript Messire Pierre de Cugnieres Gentilhomme genereus, & Aduocat General du Grand Roy Philippes de Valois surnommé CATHOLIQVE, & apres luy Messire Iehan le Cocq Aduocat General du Roy Charles VI en vne action celebre faicte en Parlement le xx de Mars en l'an 1392, Asçauoir QVE LE ROY DE FRANCE NE RECOGNOIST POINCT DE SOVVERAIN EN TERRE EN TEMPOREL. Et quant à eus qui doibuent parler auiourd'huy comme Gents du Roy, aiants examiné le libure du Cardinal Bellarmin qu'ils ont en leurs mains, ils estimeroient estre coulpables d'auoir manqué à ce qui est de leur charge, si apres que nos derniers Roys Henrys III & IV ont esté assassinez par hommes inhumains ou monstres execrables inspirez & suscitez par faulses doctrines, l'vn au mois d'Aoust 1589, l'aultre en May dernier (*vingt ans ou enuiron l'vn apres l'aultre*) euls qui doibuent à la memoire de ces grands Roys, & à l'authorité de leur Successeur la fidelité & deuotion toute franche ne s'escrioient à toutes occurrences *contre les maximes & propositions qui importent à la vie, dignité, & Maiesté du Roy, & de la Royne Regente sa Mere:* & les Iuges de ce grand Parlement seroient inexcusables, voire blasmables non seulement auiourd'huy, mais à l'aduenir, *lors mesme que le Roy sera rendu en aage*, si au lieu de recepuoir ceste plaincte comme iuste, ils laissoient passer tels escripts pernicieus sans y apporter la censure conuenable. Estant donc à craindre que le silence ne soit imputé à crime, & que Dieu ne verse sur nous, *cest Esprit d'assopissement* dont il est parlé dans Esaye 29. c. & que N. Seigneur ne nous die ce qu'il a faict escrire de la main de S. Iean à l'Ange ou Pasteur de l'Eglise d'Ephese au 2. ch. de l'Apocalypse * *Prima opera fac: sin autem venio tibi, & mouebo candelabrum de loco suo*: Afinque tout cela n'arriue poinct, ains que la splendeur & lumiere de la Iustice Royale demeure entierement en ce lieu, Apres auoir protesté en la qualité de Gents du Roy de veiller, & tenir tant qu'ils viuront leur lampe allumée, & d'empescher entant qu'ils pourront que les faulses propositions des nouueaus libures tant de Bellarmin que d'aul-

* *Paroles de N. Seigneur à l'Ange ou Pasteur de l'Eglise d'Ephese, au cha. 2. de l'Apocalyp.* Fais les premieres œuures, autrement ie viés à toy, & osteray le Chandelier de son lieu

tres qui tendent ou tendront à la subuersion des Puissances Souueraines ordonnees & establies de Dieu ne prenent pied en ce Royaume, ils supplient la Cour d'y apporter ce qu'elle peut de son authorité soubz celle du Roy. Car par ceste authorité touts vrais Catholiques & en la France, & en toute la Chrestienté seront confirmez en la pure doctrine, & suiuront l'exemple de Nostre Seigneur Iesus Christ & de ses Apostres, & des bons Peres, mesmement des saincts Papes : Bref chascun aduoüant & recognoissant la verité confessera deus maximes. La premiere, *Que la puissance du Pape n'est sinon ès choses spiritueles, mesmement en ce Royaume, & qu'elle ne se peut estendre directement ny indirectement au Temporel.* La seconde, *Que le Roy est le seul Souuerain en touts ses Estats sur touts ses subiects tant Laics qu'Ecclesiastiques.* Estant tres-certain *quant à la premiere maxime.* Que comme nostre Seigneur IESVS CHRIST auroit tant pour soy que pour S. Pierre payé le tribut deub à Cæsar, & estant interrogé par Pilate *s'il estoit le Roy des Iuifs*, il fit la response rapportee au dixhuictieme Chapitre de l'Euangeliste S. Iehan * *Regnum*

Sainct Iean chap. 18.
* Mon Roiaume (dit nostre Seigneur) n'est pas de ce monde: Si mon Roiaume estoit de ce monde, mes Ministres combattroient à toute reste, àfin que ie ne fusse liuré aus Iuifs.

* Car le seruiteur n'est pas plus grand que son Maistre.

Paroles de Tertullian au liure de l'Idolatrie.
* Si le Seigneur mesme n'a exercé aucune Puissance sur les siens, enuers lesquels il s'est r'abbaissé, iusques à les seruir par ministere vil & abiect.. Bref s'il a refusé d'estre faict Roy, asseuré de son Roiaume, il en a donné ample tesmoignage aus siens pour la forme du gouuernement & direction de toute eminence tant de dignité que de pouuoir: Car qui eust vsé dauantage de ces choses que le Fils de Dieu?

meum non est de hoc mundo: Si ex hoc mundo esset Regnum meum, Ministri mei vtique decertarent vt non traderer Iudæis. Nunc autem Regnum meum non est hinc, Le Pape estant Vicaire de Iesus Christ ne peut pas auoir vn aultre.* *Non est enim seruus Maior Domino suo*, comme le mesme Euangeliste S. Iehan c. 13. recite auoir esté dict par nostre Seigneur, lequel ayant recogneu que les gents qui l'auoient veu faire miracles debuoient venir, & l'enleuer pour le faire Roy se retira (comme il est escript au 6. du mesme S. Iehan) tout seul en la montaigne.* *Et si ipse Dominus potestatem quoque nullam ne in suos quidem exercuit, quibus sordido ministerio functus est, si Regem se denique fieri conscius Regni sui refugit, plenissime dedit formam suis dirigendo omni fastigio & suggestu tam dignitatis quam potestatis. Quis enim magis his vsus fuisset quam DEI filius*: Nul certainement, comme à très-bien dict Tertullian escribuant contre les Idolatres du munde. Et cela estant tenu, comme il le fault croire, on recognoistra par tout qu'elle est la vraie & legitime puissance du Pape par le iugement qu'en donnera la Cour suiuant les regles de la verité: Et on tiendra d'ailleurs la *seconde maxime* pour certaine que *Toute ame est subiecte aus Puissances Superieures*, c'est à dire, comme a remarqué S. Chrysostome sur le c. 13. de l'Epistre aus Romains, explicant ces mots, *Toute ame*, dicts par S. Paul, *soit Apostre, soit Religieus ou aultre.* Ce que le bon Pape Gregoire I a enseigné de mesme en son Epistre 62. du second liure de son Registre, laquelle est fort notable. Car escribuant à l'Empereur Maurice Auguste sur vne Constitution Imperiale qui contenoit * *Vt quisquis publicis administrationibus foret implicatus, ei ad Ecclesiasticum officium venire non liceret*, apres auoir hault loué ceste Ordonnance, il appelle les Empereurs *Serenissimos Dominos*: & se declarant indigne seruiteur de leur pieté dict qu'il s'estoit fort esbahy d'vn chef adiousté à leur Loy * *vt ei in Monasterio conuerti non liceret, nec vlli qui in manu signatus esset.* Ce qu'iceluy bon Pape a dit humblement, & par remonstrance, & nonpas en termes de soy disant ou pretendant Superieur des Empereurs, soit en qualité de Pontife, ou d'Euesque, ne d'ailleurs aussi * *vt seruus Reipublicæ, sed iure priuato, quia,* inquit, *Serenissime* Domine *ex illo iam*

Extraict de l'Epistre 62. de Gregoire I Pape à l'Empereur Maurice touchant vne Constitution Imperiale qui portoit.

* Que quicunque seroit employé és charges publiques, il ne lui seroit poinct loisible de venir à vn office Ecclesiastique.

Chef de la Constitution Imperiale mentionnée en l'Epistre 62 du Pape S. Gregoire I.

* Qu'il ne luy soit pas permis d'estre conuers au Monastere, n'y à celuy qui porteroit le caractere du nom de l'Empereur empreint en sa main.

* S. Gregoire premier Pape a escript à l'Empereur non comme Superieur, ny aussi comme seruiteur de l'Estat, mais par droict priué: d'autant (disoit-il parlant à la Majesté Imperiale),

(*Monseigneur Serenissime*) que desia vous estiez mon Seigneur du temps mesme que vous n'estiez pas encores Empereur & Seigneur de touts.

Suitte des paroles de S. Gregoire I Pape aus Empereurs.

* Mais moy (dict ce S. Pape, parlant ainsi à mes Seigneurs que suis-je sinon pouldre & vers? & toutesvoies par ce que ie ressens qu'vne telle Constitution tend contre Dieu autheur de touteschoses, ie ne leur puis celer. Car la puissance a esté donnee du Ciel à la pieté de Messeigneurs sur touts les hommes, à fin que ceuls qui desirent le bien soient aidez, &c.

S. Gregoire aiant repeté la loy Imperiale.

*A ce (dict-il) IESVS CHRIST respondra pour moy son dernier seruiteur, & le vostre (*ainsi il respecte les Empereurs*) disant iceluy N. S. IESVS CHRIST a l'Empereur. *Ie t'ay faict de Secretaire, Capitaine des Gardes, de Capitaine des Gardes, CAESAR, de Cæsar Empereur, & non seulement cela, mais encores Pere des Empereurs:* I'ay commis mes Prestres à ta main, & tu soubstraicts tes soldats de mon seruice, Responds ie te prie tres-pieus Seigneur à ton seruiteur, quest-ce que tu respondras au Seigneur (ainsi est appellé, & est IESVS CHRIST le Roy des Roys & le Seigneur des Seigneurs) venant

tempore Dominus *meus fuisti, quando adhuc* Dominus *omnium non eras.* Et infrà. *Ego verò hæc* Dominis *meis loquens quid sum nisi puluis & terra? Sed tamen quia contra auctorem omnium DEVM hanc intendere Constitutionem sentio,* Dominis *tacêre non possum: Ad hoc enim potestas* Dominorum *meorum pietati cælitus data est super omnes homines, vt qui bona appetunt adiuuentur &c.* Puis mettant deuant les yeux de l'Empereur son SEIGNEVR IESVS CHRIST, & le nostre, Il le represente parlant en Roy des Roys. *Ad hæc (inquit) ecce per me seruum vltimum suum & vestrum respondebit* CHRISTVS *dicens, Ego te de Notario Comitem excubitorum, de Comite excubitorum Cæsarem, de Cæsare Imperatorem, nec solùm hoc, sed etiam Patrem Imperatorum feci: Ego Sacerdotes meos tuæ manui commisi, & tu à meo seruitio milites tuos subtrahis? Responde rogo,* Pijssime Domine, *quid venienti, & hæc dicenti responsurus es in Iudicio* Domino tuo? *Et infrà, Ego quidem*

iussio-

iussioni subiectus, eandem legem per diuersas terrarum partes transmitti feci, & quia lex ipsa Omnipotenti DEO minimè concordat, ecce per suggestionis meæ paginam Serenissimis Dominis *nunciaui. Vtrobique ergo quæ debui exolui, qui &* Imperatori *obedientiam præbui, & pro DEO quod sensi minimè tacui.* Belle declaration & digne d'vn sainct Pape lequel en cela a suiuy l'exemple, & executé le commandement de N. S. IESVS-CHRIST, contenant son Edict és paroles des Euangelistes S. Matthieu 22, S. Marc 12, & S. Luc 10. *Rendez à Cæsar les choses qui sont à Cæsar, & à Dieu celles qui sont à Dieu.* Vray est que les Saincts Papes ont eu le pouuoir & la liberté d'admonester les Empereurs & les Roys pour les aduertir de leur salut par remonstrance spirituele. Mais ceste puissance ne va pas sur le Temporel. Car nostre Seigneur dict à ses Disciples & Apostres *(dans S. Matthieu c. 10.) *Nolite possidere aurum neque argentum, neque pecuniam in zonis vestris, non peram in via, neque duas tunicas, neque virgam in manibus* Ce que sainct Hilaire a tres-bien interpreté disant sur ces mots, *Neque virgam in manibus, id est pote-*

en iugement, & te disant ces choses? *Et apres ce mesme Pape S. Gregoire l'adiouste sur la fin de l'Epistre*, Pour mon regard estant subiect à vostre iussion, i'ay faict enuoyer ceste mesme loy Imperiale en diuerses parties de la terre (*qui sont paroles dignes de remarque*) Et d'autant qu'icelle loy ne s'accorde pas auec Dieu Tout-puissant, voicy ie l'ay faict entendre à mes Serenissimes Seigneurs par ceste page de ma remonstrance. Doncques de toutes parts ie me suis acquitté de ce que i'ay deub en prestant d'vn costé l'obeissance a l'Empereur, & ne taisât poinct d'autre part ce qui m'en sembloit, pour ce qui touchoit la gloire de DIEV.

S. Matthieu c. 10.
Donnez vous de garde de posseder aur, ny argent, ny depecune en vos ceinctures, ny de malette par le chemin, ny deus robbes, ny de baston en vos mains.

statis externæ iure non indigi, habentes virgam de radice Iesse: Nam quæ alia fuerit non erit Christi. Quelle est ceste verge descripte par S. Hilaire, nul ne peut (s'il aime la verité) dire qu'elle soit aultre que la verge spirituele, la verge Apostolique dont le la mesme S. Hilaire a dict ailleurs (sur le Psalme 2.) que c'est la parole de l'Euangile. Et quant à la *racine de Iessé*, elle est semblablement spirituelle, comme nous apprenons du Prophete Esaie au chapitre xj. & de Sainct Paul aus Romains 15. Et pour bien entendre les paroles de NOSTRE SEIGNEVR sur ce propos, il ne fault pas les prendre à la chair comme faisoient les pauures *Ebionites*, mais par le sens de l'Esprit, comme quand il est parlé *de ne porter deux robbes*. Ce grand Hilaire sur ces mots, *Non duas tunicas* (disoit ainsi.) *quòd sufficiat nobis semel Christus indutus, ne per prauitatem intelligentiæ nostræ altera deinceps vel hæreseos, vel legis veste induamur*. Et partant se fault garder de prendre deus robbes. Car au lieu de celle de N. S. qui est la pure robbe de simplicité, si nous en prenions vne aultre nous tumberions en erreur, & reuestirions l'habit de ce Iudas hæretique Galileen,

S. Hilaire sur ces mots de nostre Seigneur, Ny de baston en vos mains, c'est à dire, n'auoir besoing du droict de la puissance externe, ayants vn baston de la racine de Iesse. Car celle qui sera aultre ne sera pas de Christ.

S. Hilaire sur ces mots de nostre Seigneur. N'ayez pas deus robbes, par ce qu'il suffit que nous aions vne fois reuestu Iesus Christ, de peur que par la deprauation de nostre intelligence nous ne reuestions cy apres vne aultre robbe de l'Hæresie, ou de la Loi.

dont il est parlé aus Actes des Apostres (c. 5.) lequel entre autres choses, proposoit vne maxime comme probable, disant: *Qu'il ne falloit poinct appeller de Seigneur autre que Dieu*, à fin de s'exempter par ce moyen de l'obeissance deuë à Cęsar, *& que ceux qui portoient la dixme au Temple de Hierusalem ne debuoient point rendre le tribut à l'Empereur*, qui estoit vne hæresie detestable, laquelle auparauant la venuë de I. C. aiant esté en horreur entre les Iuifs, le doibt estre beaucoup plus parmy les Chrestiens. Bref c'est vne mauuaise doctrine que celle qui confund la puissance spirituele auec la temporele. Car aultre est *le glaiue de la parole*, aultre *celuy des Princes & puissances temporeles*. Et pour ceste cause le bon S. Ambroise en sa preface. Sur l'Euangeliste S. Luc. * *Ad diuina* (inquit) *conuersi acuamus ingenium, exerceamus affectum, vt gladium illum quem venditâ veste emi Dominus iubet paratum semper & lucidum tanquam in vagina mentis reconditum habere possimus. Arma enim spiritualia & fortia Deo ad destruendas munitiones militibus Christi debent semper esse præsentia* (*ex doctrina Pauli Apostoli* 2. *ad Corinthios c.* 10.) *ne cùm*

Paroles de S. Ambroise en la preface de son Commentaire sur l'Euangile de S. Luc.

Nous conuertissants aus choses diuines, aiguisons l'esprit, exerçons l'affection, afin que nous puissions auoir ce glaiue, pour lequel achepter Nostre Seigneur commande vendre sa robbe, & le tenons tousiours prest & luisant comme caché au fourreau de nostre entendement.

Car (*dict le mesme S. Ambroise apres S. Paul aux Corinthiens* 2. *c.* 10.) les armes spirituelles & fortes à Dieu (ou en Dieu) doiuent tousiours estre prestes en la main des soldats de IESVS CHRIST, afin que quand le General de l'armee celeste sera venu, s'offensant de voir nos armes enroüillees, il ne nous separe de la compagnie de ses legions.

Suite du Commentaire de S. Ambroise sur les paroles du 22. chapitre du mesme Euangile de S. Luc.

Maintenant celuy qui a vn sac &c. qu'il vende sa robbe, & achepte vne espée pour soy. O SEIGNEVR (dict il) pourquoy me commandes tu d'achepter le glaiue, toy qui me deffends d'en frapper? Pourquoy commandes tu d'auoir ce que tu defends de tirer? si ce n'est paraduanture pour me parer & defendre ; ou non pour vn glaiue necessaire, & afin que ie semble auoir eu la puissance de me venger, mais ne l'auoir voulu? Toutes-voies la loy ne defend poinct de refrapper, & pourtant peut-estre tu dis à S. Pierre presentant deux glaiues. C'EST ASSEZ, comme s'il auoit esté loisible iusques à l'Euangile, afin que l'enseignement de l'Equité, soit en la LOY, & la perfection de bonté en L'EVANGILE. Cela semble inique à plusieurs: Mais le SEIGNEVR n'est poinct inique, lequel pouuant bien se venger a mieuls aymé estre immolé. Car c'est vn glaiue spirituel, afin que tu vendes ton patrimoine, & achepte la parole par laquelle les nuds & plus secrets cabinets

venerit Dux cœlestis militiæ situ nostrorum offensus armorum à legionum nos suarum societate secernat. Ce que le mesme Docteur a confirmé sur ces mots du 20. chapitre de cest Euangeliste S. Luc, *Nunc qui habet sacculum &c. vendat tunicam suam, & emat sibi gladium &c.* O DOMINE (inquit) *cur emere me iubes gladium, qui ferire me prohibes? Cur haberi præcipis, quem vetas promi? Nisi fortè vt sit parata defensio, non vltio necessaria, & videar potuisse vindicari, sed noluisse? Lex tamen referire non vetat: & ideò fortasse Petro duos gladios offerenti, SAT EST, dicis, quasi licuerit vsque ad Euangelium, vt sit in* LEGE *æquitatis eruditio, in* EVANGELIO *bonitatis perfectio. Multis hoc iniquum videtur: sed non iniquus* DOMINVS, *qui cùm se posset vlcisci, maluit immolari. Est enim gladius spiritualis, vt vendas patrimonium, emas* VERBVM, *quo nuda mentis penetralia vestiuntur.* Est etiam gladius passionis, *vt exuas corpus, & immolatæ carnis exuuiis ematur tibi sacri corona martyrij: quod ex benedictionibus* DOMINICIS *colligere potes, qui summam omnium coronarum, si quis persecutionem patiatur pro iustitia, prædicauit.* Denique *vt scias quia de paßione loquutus est ne turbaret discipulorum animos, de se exemplum protulit dicens.* QVONIAM HOC QVOD SCRIPTVM EST, OPORTET IMPLERI DE ME, QVÒD ET CVM INIVSTIS DEPVTATVS EST. Ainsi il appert que les paroles de N. Seigneur, disant *que chacun s'acheptast vn glaiue,* se doiuent interpreter comme vne parabole, & non estre pris à la lettre. Cela est vne doctrine pure & veritable laquelle ce bon sainct Ambroise auoit puisée des enseignements de Nostre Seigneur, des præceptes Apostoliques, & escripts des Docteurs Orientauls, entre autres de S. Athanase en son libure intitulé *Dicts & Interpretations des paraboles du S. Euangile, quæstion* 33. où il dict ce qui s'ensuit, *Comment faut-il entendre ces paroles,* Celuy qui ha vne robbe qu'il l'a vende & achepte vn glaiue? *Nostre Seigneur* (dict S. Athanase) *a dict cela pour notifier à ses Apostres la trahison de sa persone, & l'arriuee des Iuifs qui estoit proche, ne voulant entierement leur taire, afin qu'ils ne fussent estonnez d'vn abord des Iuifs arriuants en trouppes: Et außi d'ailleurs ne leur voulant tout dire, à ce qu'ils n'en prissent l'espouuante:* qui est vne interpretation nota-

de l'entendement sont reuestus. C'est aussi le glaiue de la passion que tu despouilles le corps, & que des despouilles de la chair immolee tu racheptes la corone du sacré martyre. Ce que tu peus receuillir des benediction de N. S. qui a presché la souueraine corone estre si quelqu'vn endure persecution pour la iustice. Bref afin que tu sçaches qu'il a parlé de la passion pour ne point troubler les esprits de ses Disciples, il a apporté l'exemple de soy mesme, disant, *parce que cecy qui est escript doit estre accomply de moy sçauoir est,* Qu'il a esté mis & tenu au rang des transgresseurs (en Esaie 53, pl. 12.

Paroles de S. Athanase au libure intitulé ῥήσεις καὶ ἑρμηνεῖαι παραβολῶν τοῦ ἁγίου εὐαγγελίου.

Ἐρώτησις λγ.

Πῶς νοητέον ὅτι ὁ ἔχων ἱμάτιον πωλησάτω αὐτὸ, καὶ ἀγορασάτω μάχαιραν.

Ἀπόκρισις.

Τοῦτ᾽ εἶπεν γνωρίσαι θέλων ὁ Κύριος τοῖς Ἀποστόλοις τὴν προδοσίαν αὐ-

ble, comme est pareillement celle de S. Basile grand Theologien, de qui S. Ambroise auoit beaucoup appris, & duquel il a traduict plusieurs escripts du Grec en Latin. Ce docte Maistre lequel l'Eglise d'Orient a honoré comme vne lumiere de son siecle & toutes les Eglises Chrestienes ont admiré depuis vraiement digne du nom de Basile entre les pieus & sçauants Chrestiens en la 251 de ses Regles des Exercices qu'il appelloit Aseetiques sur l'interrogatoire faict en ces mots : *Comment N. Seigneur* (*au* 10. *de S. Luc*) *a defendu de porter la bourse, & le sac en chemin, & luy mesme neantmoins en aultre lieu* (*au* 22. *du mesme Euangeliste*) *a dict que* celuy qui ha vne bourse & vn sac qu'il les prene, & qui n'en a point vende sa robbe & achepte vne espée, *faict ceste response. Nostre Seigneur explique cela clairement*, disant ainsi: *Car il fault que cela soit accomply en moy, & i'ay este mis au rang des iniques*. Car incontinent apres *l'accomplissement de la prophetie du glaiue*, il dict à Pierre, *Remets ton glaiue en son lieu. Car touts ceux qui auront prins le glaiue, periront par le glaiue. De façon que cela n'est pas commandement, ains maintenant celuy qui ha vne bourse*

τοῦ, καὶ τὴν ἔφοδον τῶν Ἰουδαίων: οὔτε οὖν τελείως παρεσιώπησεν ἵνα μὴ τῇ ἀθρόᾳ ἐφόδῳ παραχθῶσιν, οὔτε πάλιν τελείως ἐγνώρισεν, ἵνα μὴ δειλίᾳ τινὶ καταχεθῶσιν.

Paroles de sainct Basile en la regle 251. ἀσκητικῶν.

Ἐρώτησις σνα.

Πῶς ποτὲ μὲν ἀπαγορεύει ὁ κύριος βαστάζειν βαλάντιον καὶ πήραν εἰς ὁδόν. Ποτὲ δὲ λέγει, ἀλλὰ νῦν ὁ ἔχων βαλάντιον ἀράτω ὁμοίως καὶ πήραν, καὶ ὁ μὴ ἔχων πωλησάτω τὸ ἱμάτιον αὐτοῦ, καὶ ἀγορασάτω μάχαιραν?

Ἀπόκρισις.

Τοῦτο σαφηνίζει ὁ αὐτὸς Κύριος εἰπὼν, ὅτι δεῖ γὰρ ἔτι τοῦτο τελεσθῆναι ἐν ἐμοί. τὸ, καὶ μετὰ ἀνόμων ἐλογίσθην, αὐτίκα γὰρ μετὰ τὸ πληρωθῆναι τὴν περὶ τῆς μαχαίρας προφητείαν λέγει τῷ Πέτρῳ· ἀπόστρεψον τὴν μάχαιράν σου εἰς τὴν θήκην αὐτῆς. πάντες γὰρ οἱ λαβόντες μάχαιραν, ἐν μαχαίρᾳ ἀπολοῦ-

qu'il l'a prene, ou il le prendra. Car (*dict S. Basile) plusieurs exemplaires portent ce mot* (prendra.) *Mais c'est vn langage prophetique de Nostre Seigneur, prædisant que ses Apostres oublians les dons & la loy du Seigneur auseroient prendre le glaiue. Et c'est chose manifeste que la saincte Escripture en plusieurs endroits auroit vsè d'vne maniere de parler* en commandement , *au lieu d'vne façon de prophetiser: comme quand elle dict au Psalme* 108. *Que ses enfans deuiennent orphelins, & que l'aduersaire soit à sa main droicte, & autres semblables.* Belle & saine interpretation, & au sens de laquelle se peut rapporter ce qu'a escript S. Iehan Chrysostome Archeuesque de Constantinople en vn temps auquel les Empereurs estoient Chrestiens en l'homilie sur le dire de S. Paul au 16. chap. de l'Epistre aux Romains en ces mots, *Salüez Prisca & Aquila*, exposant ces mots, *Qui ha la bourse qu'il l'a prene, & qui n'en ha poinct qu'il vende sa robbe, & achepte vn glaiue*, dict ainsi, *Que veult dire cela? Celui arme-il ses disciples qui auoit dict*, Si quelqu'vn t'a frappé en la joüe droicte presente luy l'autre, *Celuy qui a commandé* que nous benissions ceuls lesquels

ται· ὡς μὴ εἶναι πρόσταγμα, ἀλλὰ νῦν ὁ ἔχων βαλάντιον ἀράτω ἤτοι ἀρεῖ. (οὕτω γὰρ καὶ τοῦ πολλὰ τῶν ἀντιγράφων ἔχει.) ἀλλὰ προφητείαν προλέγοντος τοῦ Κυρίου ὅτι ἔμελλον οἱ Ἀπόστολοι ἐπιλανθανόμενοι τῆς δωρεᾶς καὶ τοῦ νόμου τοῦ Κυρίου καὶ ξίφους κατατολμᾶν, καὶ ὅτι τῷ προστακτικῷ εἴδει τοῦ λόγου ἀντὶ προφητικοῦ πολλάκις κέχρηται ἡ γραφὴ πολλαχόθεν δῆλον, οἷον ἐπὶ τὸ γενηθήτωσαν οἱ υἱοὶ αὐτοῦ ὀρφανοί, καὶ διάβολος στήτω ἐκ δεξιῶν αὐτοῦ καὶ ὅσα τοιαῦτα.

Ioannes Chrysostomus homilia ad verba Diui Pauli c. 16 Epistolæ ad Romanos *Salutate Priscam & Aquilam.* vbi explicat verba Domini.

Qui habet marsupium tollat & peram, & qui non habet, vendat vestem suam, & emat gladium. ita dicit. *Quidnam hoc? Armat-ne Discipulos qui dicit. Si quis te percusserit in dexteram maxillam, obuerte ei & alteram: Qui præcepit vt benedicamus*

nous ont prouoqué par conuices, Que nous endurions de ceuls qui nous attaquent, Que nous prionspour nosperſecuteurs, *Nous arme il maintenant, & nous arme ſeulement d'vnglaiue? Et comment ces choſes ſont-elles conformes à la raiſon? Car s'il eſtoit en tout beſoing d'armes, il ne faloit pas armer d'vn ſeul glaiue, mais de bouclier, de beaulme, & de cuiſſotz: Et certainement s'il euſt voulu diſpenſer & faire ces choſes à la façon des hommes, ce præcepte eſtoit ridicule. D'autant que quand les vnze Diſciples euſſent eu ſix cents de telles ſortes d'armes, Comment pourroient-ils eſtre tenuz pour plus puiſſants contre les embuſches & efforts des peuples, des tyrans, des Citez, & des nations. Ils n'euſſent pas peu pour la peur qui les euſt ſaiſis, voir la face des armées, & ouyr les hanniſſements des cheuauls eſtants hommes nourris & verſez aus eſtangs, aus fleuues & aus petits vaiſſeaux: Pourquoy doncques dict-il cela? Il vouloit monſtrer les embuſches des Iuifs, & ce manifeſtement, & non par ænigmes, àfin qu'ils ne fuſſent derechef confus en euls.*

bis qui nos conuitiis laceſſunt, Feramus inuadentes Oremus pro perſequentibus, nunc armat? armatque vno tantum gladio? Et quomodo hæc rationi conſona ſunt. Nam ſi omninò armis opus erat, non ſolo gladio, ſed & ſcuto, galea, & cruralibus armare oportebat. Et profectò ſi humano more hæc diſpenſare, & agere voluiſſet, ridiculum erat hoc præceptum. Quandoquidem licet ſexaginta id genus arma poſſediſſent, aduerſus inſidias & impetus populorum, tyrannorum, ciuitatum, gentium quomodo potentiores habiti fuiſſent vndecim? Non potuiſſent præ timore ſpectare faciem exercituum, & audire vocem hinnientium equorum viri non niſi in ſtagnis & fluminibus & lembis verſati. Quare ergo hoc dicit? Iudæorum inſidias indicare volebat, idque manifeſtè, & non per ænigmata, ne ſecum iterùm confunderentur.

Dein adiicit. *Non igitur ſentimus quod talibus verbis iuſſerit haberi gladios, ſed quod per gladios inſinuarit imminere inſidias, & paſſurum ſe à Iudæis quæ & paſſus eſt. Atque hoc ex ſequentibus manifeſtum eſt. Nam vt dixit emendum gladium, mox adiecit*, Quia oportet adimpleri ea quæ de me ſunt ſcripta. Quod cum iniquis reputatus ſum. (*Eſaie 53.*) *Diſcipulis autem dicentibus.* Hîc ſunt duo gladij, *& non intelligentibus dictum, ait,* Satis eſt: *Tametſi non ſuffeciſſent vel duo, vel tres, vel centum ſi human.*

En apres

En apres il adiouste, *Nous ne voions donc poinct que par telles paroles il ayt commandé d'auoir des glaiues, mais qu'il a voulu donner à cognoistre par les glaiues comme il y auoit des embusches qui s'apprestoient, & qu'il debuoit souffrir des Iuifs ce qu'il a souffert. Et cela est euident par ce qui s'ensuit. Car quand il eut dict qu'il faloit achepter vn glaiue, il adiousta soubdain,* parce qu'il fault que les choses qui sont escriptes de moy soient accomplies, parce que i'ay esté mis au rang des meschants (*Esaie* 53.) *Et ses Disciples luy respondants* voila deus glaiues, *& n'entendants pas son dire, leur replique* C'est assez: *Toutesfois ne deus, ne trois, ny mesme cent n'eussent suffy s'il eust voulu qu'ils se fussent seruiz de secours humain, Et s'il n'ait pas voulu qu'il s'en soient seruiz, ces deus estoient aussi superflus. Partant il n'a pas exposé sa doctrine en ce lieu, ce qu'il semble faire par tout, où il a tiré auant toutes & quantes fois que ses Disciples n'entendoient ses paroles remettant l'intelligence des choses dictes à l'euenement.* Voiez qu'elle est ceste explication & la conferez auec celle que long temps apres a voulu faire le Pape Boniface VIII en son Extrauagante *Vnam sanctam tit. de*

auxilio eos vti voluisset. Quòd si noluit eos humano præsidio vti, sunt vtique & hi duo superflui. Proinde hic doctrinam suam non exposuit, id quod vbique facere videtur, vt quoties dicta minus intelligunt Discipuli, euentui rerum dictarum intelligentiam explanandam relinquens prætereat.

Majoritate & obedientia, où citant les paroles du 22. de ſainct Luc, *ex dictis Apoſtolorum ecce duo gladij hìc*, il (*Boniface* 8) dict *In Eccleſia ſcilicet cùm Apoſtoli loquerentur, non reſpondit Dominus* nimis eſſe, ſed ſatis : *Certè* (inquiens ille Bonifacius) *qui in poteſtate Petri temporalem gladium eſſe negat, malè verbum attendit Domini proferentis* Conuerte gladium tuum in vaginam : *Vterque ergo eſt in poteſtate Eccleſiæ ſpiritualis ſcilicet & materialis :* Et vous trouuerez que ce langage de Boniface eſt du tout contraire aus interpretations de S. Athanaſe, de S. Baſile, de S. Ambroiſe, & de S. Chryſoſtome. *Imò* c'eſt vne definition, contraire au ſens declaré par Noſtre Seigneur : Bref elle eſt ſelon la lettre, ſelon la chair, & ſelon le ſang, & non pas ſelon l'Eſprit. Auſſi a-elle eſté reuoquée par le Pape Clement V en l'extrauagante *Meruit*, portant declaration par luy faicte que par la definition d'icelui Pape Boniface 8 ſon prædeceſſeur contenuë en l'extrauagante *Vnam ſanctam* il ne vouloit ny entendoit eſtre faict aucun preiudice au Roy, ny au Royaume de France, n'y que par icelle le Roy, le Royaume & les Regnicoles fuſſent d'auan-

Paroles de Boniface 8 *en l'extrauagante* Vnam Sanctam.

Icy (*dict-il*; c'eſt à ſçauoir en l'Egliſe, lors que les Apoſtres parloient, Ieſus Chriſt ne reſpondit poinct *c'eſt trop*, mais bien *c'eſt aſſez*. Certainement (*dict Boniface*) celuy qui nie que le glaiue temporel ſoit en la puiſſance de Pierre, il entend mal la parole de N. S. Ieſus Chriſt, diſant *Remets ton glaiue en la guaine*. Doncques l'vn & l'aultre eſt en la puiſſance de l'Egliſe, à ſçauoir le ſpirituel, & le materiel.

Paroles du Pape Clement V en l'extrauagante Meruit, tit. de priuilegijs.

Meruit chariſsimi filij noſtri Philippi Regis Francorum illuſtris ſinceræ affectionis ad nos & Eccleſiam Romanam integritas & progenitorum ſuorum præclara merita meruerunt. Meruit inſuper Regnicolarum puritas ac deuotionis ſynceritas vt tam Regem quam regnum fauore beneuolo proſequamur hinc eſt quod nos Regi & regno per definitionem & declarationem bonæ memoriæ Bonifacij Papæ octaui prædeceſſoris noſtri

tage ſubjects à l'Egliſe Romaine qu'ils eſtoient auparauant : ains qu'il fuſt entendu qu'ils eſtoient au meſme eſtat que deuant icelle definition, tant en ce qui eſtoit de l'Egliſe qu'auſſi pour le Roy & l'Eſtat du Royaume & des Regnicoles. En quoy ce ſainct Pere Clement V a faict vne recognoiſſance telle qu'il debuoit, pour l'Eſtat & dignité temporele du Roy Philippe le Bel. Ce qu'il a auſſi declaré eſtant venu en France en vne autre Bulle donnée à Poictiers le ſecond des Ides d'Aouſt l'an 3. de ſon Pontificat, par laquelle il auroit deputé l'Archeueſque de Narbone & les Eueſques de Bayeus, & de Mande, & de Limoges, auec vn ſien Notaire, les Archidiacres de Trente, & de Magalone, & le Preuoſt d'Aix pour faire le procez aux Templiers ſur pluſieurs faicts dont y auoit plaincte par bruit public à lencontre d'euls, où eſt ceſte clauſe remarquable, *Chariſſimus in Chriſto filius noſter Philippus Rex Francorum illuſtris cui fuerant eadem facinora nunciata, non typo auaritiæ, cùm de bonis Templariorum nihil ſibi vendicare vel appropriare intendat, Imò ea nobis & Eccleſiæ per deputandos à nobis adminiſtranda, guber-*

quæ incipit Vnam ſanctam nullum volumus vel intendimus præiudicium generari. Nec quod per illam Rex, regnum & Regnicolæ prælibatæ amplius Eccleſiæ ſint ſubiecti Romanæ, quam antea exiſtebant. Sed intelligantur in eodem eſſe ſtatu, quo erant ante definitionem præfatam : tam quantum ad Eccleſiam, quam etiam ad Regem, regnum, & regnicolas ſuperius nominatos.

Aultres paroles notables du Pape Clement V.

Noſtre tres-cher fils en Chriſt l'illuſtre Philippe Roy des François, auquel les meffaicts des Templiers auoient eſté rapportez, non par auarice, (n'aiant intention de s'attribuer ou approprier aucunes choſes des biens des Templiers :) Ains en

nanda, conseruanda, & custodienda liberaliter ac deuotè in regno suo dimisit, manum suam exinde totaliter amouendo. D'où s'ensuit que ce Pape n'auroit peu rien faire contre les persones & biens d'iceuls Templiers qui estoient au pays de l'obeissance du Roy Tres-Chrestien, *quoi qu'ils fussent clercs religieus*, sinon apres qu'iceluy S[r]. Roy en auroit leué sa main & permis qu'il procedast selon ce qui est mentionné en ceste Bulle. En quoy ce qu'a faict ce grand Roy ne luy a pas leué ny diminué ce qui estoit de l'authorité Royale sur ses subiects de la qualité & condition des Templiers, ou aultre. *Imò* le pouuoir & souueraineté de la main Royale a esté maintenu & conserué par ceste permission, sans auoir esté, comme elle ne peult estre nullement esbranlee. Et cela est si certain que toutes persones aiants droict iugement l'ont ainsi tenu: Entre aultres vn bon autheur en son libure intitulé *Le Songe du Verger*, où parlant au Roy Charles V dict le Sage, *Quod Rex est Dei Vicarius & Iudex in temporalibus*. Et veritablement ceste souueraineté est telle qu'elle s'estend sur toutes persones demourantes dans le Royaume. Tellement que nul des Regnicoles ne

a liberalement & deuotieusement laissé à nous & à l'Eglise l'administration, gouuernement, conseruation & garde, en leuant sa main entierement d'iceuls biens.

L'Autheur du libure intitulé SOMNIUM VIRIDARII.
Le Songe du Verger parlant au Roy Charles V dict que le Roy est Vicaire de Dieu, & Iuge és choses temporeles.

coles ne se peult dire exempt de l'obeissance & submission qui est deuë au Roy Tres-Chrestien à cause de sa Corone. Et cela a esté recognu par les bons Peres & saincts Prelats, & Docteurs Catholiques & Orthodoxes, dont entre plusieurs authoritez suffira de rapporter en ce lieu pour la fin de ceste Remonstrance celle de ce grand & docte Religieus S. Bernard, lequel escribuant à Henry Archeuesque de Sens en son Epistre 42 conclut en ces mots *Si omnis anima potestatibus superioribus subiecta sit*, (quod docuit Apostolus in Epistola ad Romanos) *ergo* (inquit Bernardus) *& nostra. Quis vos excipit ab vniuersitate ? Si quis tentat excipere, tentat decipere.*

Paroles de S. Bernard en son Epistre 42.
Si toute ame est subiecte aus puissances superieures, par consequent la nostre. Qui est celuy qui vous excepte de l'vniuersité ? Si quelqu'vn tasche de vous en exempter, il vous veult deceuoir.

Pour doncques garder les bons François qu'ils ne soient deçeuz, luy qui parle se ressentant obligé pour la conscience, & en la qualité d'Aduocat du Roy de faire franchement ce qui est de sa charge apporte *le libure du Cardinal Bellarmin* minutté durant la vie de nostre grand Roy Henry I V. (*soubs le regne duquel on n'eust ause le publier*) & esclos depuis sa mort, auquel libure il a cotté les passages que la Cour verra, & principalemeut és pages

37. 38. 57. 58. & és 76. 77. ausquelles se rapportela 160 & és 115. & 116. *auec leurs Conclusions par escript*, par lesquelles, *Ils requierent pour le Roy* DEFENCES ESTRE FAICTES *à toutes persones de quelque qualité, & condition qu'elles soient de recepuoir, auoir, retenir, imprimer, ou faire imprimer ce libure de Bellarmin, soubs pœne d'estre declarez criminels de læse Maiesté au premier chef: & enjoinct a touts ceuls qui en en ont, ou auront, sçauront, ou pourront sçauoir ou il y en a dans le Royaume de le declarer aus Iuges des lieus, ou aus Substituts du Procureur General, pour estre les exemplaires supprimez, comme en estant la doctrine contraire a la dignité, authorité, & souueraineté Royale, & tendante à faire reuolter les subiects du Roy, & attenter à sa vie, & à son Estat: Et inhibitions estre faictes à toutes persones soubz la mesme pœne, d'escrire, ou enseigner aus escholes, ou ailleurs pareille doctrine: Et que l'Arrest qui interuiendra sur leurs presentes Conclusions soit leu & publié en touts les Sieges Royauls des Bailliages & Seneschaussees du Ressort de la Cour à la diligence des Substituts qui seront tenuz certiffier la Cour du debuoir qu'ils y auront apporté. Et à ce qu'à l'adue-*

nir on ne puisse calumnier les Conclusions, ny l'Arrest qui interuiendra sur icelles, requierent qu'il plaise à la Cour Ordonner que le liure soit remis en leurs mains pour le garder, affin de faire foy de la verité où besoing sera. LA MATIERE mise en deliberation, les Grand Chambre, Tournelle, & de l'Edict assemblées.

LA COVR a faict & faict inhibitions & defenses à toutes persones de quelque qualité & condition qu'elles soient, sur pœne de crime de læse Majesté, receuoir, retenir, communiquer, imprimer, faire imprimer, ou exposer en vente ledict liure contenant vne faulse & detestable proposition tendante à l'euersion des Puissances Souueraines ordonnees & establies de Dieu, sousleuement des subiects contre leurs Princes, substraction de leur obeissance, induction d'attenter à leurs persones & Estats, & troubler le repos & tranquillité publique: Enioinct à ceux qui auront exemplaires dudict liure, ou auront cognoissance de ceux qui en seront saisis, le declarer promptement aus Iuges ordinaires, pour en estre faicte perquisition à la requeste des Substituts dudict Procureur General, & proceder contre les coulpables, ainsi que de raison: A faict & faict pareilles inhibitions & deffenses sur la mesme pœne à touts Docteurs, Professeurs, & aultres, de traicter, disputer, escrire, ny enseigner directement, ou indirectement en leurs Escholes, Colleges, & touts aultres lieus la susdicte proposition: Ordonne ladicte Cour que le present Arrest sera enuoyé aux Bailliages & Seneschanssees de ce Ressort pour y estre leu, publié, registré, gardé, & obserué selon sa forme & teneur: Enioinct ausdicts Substituts du Procureur General du Roy de tenir la main à l'execution, & certifier ladicte Cour de leurs diligences au mois. Faict en Parlement le Vendredy vingtsixiesme Nouembre mil six cens dix.

Signé, VOYSIN.

Apres l'Arrest les Gents du Roy mandez, leur a esté faict entendre ce que la Cour auoit Iugé, & de l'ordonnance d'icelle ledict libure du Cardinal Bellarmin a esté remis en leurs mains.

www.ingramcontent.com/pod-product-compliance
Lightning Source LLC
LaVergne TN
LVHW022325170726
843503LV00006B/2715